饌广

〔意〕毛里齐奥·斯卡尔帕里——著

许家桐——译

# 古代中国

ANCIENT CHINA

中国友谊出版公司

扉页图 这座华丽的鎏金青铜跪坐宫女像其实是一盏灯。她的衣袖像烟囱一样垂在灯上使宫女和灯和谐地融为了一体。【西汉】

南越王颁发的令符：这只由青铜铸成的老虎身上刻着五个金铭文："王命命车徒"，意为："本王允许车马通行。"【西汉】

与象麦填井

舜父瞽叟

大松人　禾祀　世　周　周

帝尧有两个女儿，女英和娥皇，她们也是帝舜的妻子，女英、娥皇和她们的丈夫一齐被画在了这个木板漆画屏风上。这一场景取自西汉刘向（约前77—前6）的《列女传》，这幅画采用了著名画家顾恺之（345—406）的画风。【北魏】

虞帝舜

帝舜二妃娥皇女英

周

在中国神话体系中，龙占据着十分重要的地位。在西方文化中，龙被视为邪恶的化身，但在中国，龙代表着吉祥、正义和仁慈，并成为皇权的象征。【六朝】

# 目录 | CONTENTS

左图　公元前 4 世纪到公元前 3 世纪的中国工匠的高超技艺在这个优雅的错金银（镶嵌或涂画金银纹饰）青铜带钩上展现得淋漓尽致。带钩下部是虎豹头的样子，钩的顶端还有一个伸长脖子的虎豹头。【东周·战国】

下页图　在唐三彩中，物件的局部通常不上釉，从而在釉面和自然表面之间实现完美的平衡。【唐】

# 前言 | PREFACE

中华文明是世界上最古老的文明之一。中国的领土广袤无垠，河流纵横，居住在这片土地上的人们认为这里就是世界的中心，也就是"中央之国"。而这里的文化也传播到东亚各地。古代中国的社会组织大体建立在一套宗亲制度之上，这保证了家族的强大、庞大氏族部落的忠诚。朝代不断更迭，也不断延续着神话中的统治者留下的传统。传说他们有许多发现和发明对人类生活至关重要，比如火。各朝各代的统治者都有征服和统一天下的野心，但面对周边虎视眈眈的蛮夷、对皇权宝座垂涎欲滴的诸侯，他们也必须保持警惕。

公元前 221 年，统一天下的伟业由秦国实现了，它击败了所有的对手，建立了一个庞大的帝国。中华帝国自此经历盛衰动荡，一直持续到了 1911 年。被奉为天子的皇帝，作为神界和人间的联结者而受到崇拜。繁荣和富足被认为是他开明的象征，而饥荒和灾难则被认为是他昏庸的表现。

陆上丝绸之路连接着中国、印度和中亚、西亚国家，另一方面中国和地中海的文明之间却缺乏直接交流活动。因此在很长一段时间里，对于西方来说，中国一直是个遥远如神话般的非凡国度。当西方学者接触到中国的文献资料，当考古学家开始发掘中国辉煌历史的证据时，中国文明证实了其深远的丰富性和不可抗拒的魅力。

埋在西安秦始皇陵的兵马俑是一支壮观的军队，由约 7000 名全副武装的士兵，600 匹战马和 100 架战车组成。而这只是被发掘出来的一部分而已。【秦】

这座巨大的坐佛始建于 8 世纪，大约花费了 90 年的时间修建完成。大佛位于四川乐山，俯瞰着三条河流的交汇处。其高度超过了 70 米，是世界上最大的佛像。【唐】

# 千年古国

这是在兵马俑坑中发掘的两架华丽的青铜马车之一，与实际大小比例为 1:2。图中展示的这架马车由 3462 件青铜、金和银打造而成。【秦】

# 新石器时代

从数百处旧石器时代遗址和化石沉积物的发现可以看出，中国是世界上最早有人类居住的地区之一。大量的石器工具和骨头碎片使科学家能够探寻南方古猿的后代——原始人的足迹。

智人出现在冰河世纪末期，大约距今 4 万年前，比他的远亲元谋人（170 万—160 万年前）、蓝田人（70 万—65 万年前）和北京人（70 万—20 万年前）要晚得多。戏剧性的改变发生在公元前 10000 年到公元前 9000 年之间，气候的变化让冰川开始消融，肥沃的河谷形成，海岸线增长，适合永久居住的栖息地出现了。

狩猎采集者和渔民在这个时期已经组成游猎部落，建立起村庄，并定居下来。他们开始耕作土地，饲养家畜，并且开始制作陶器和石质工具，这一时期通常被叫作新石器时代。

这个玉兽首上雕刻了一张夸张的脸。其眼睛巨大，鼻孔翕动，是典型的良渚文化的器物。这块玉石和类似物品的用途，及其图案的意义至今还不为人知。【良渚】

这个中通圆柱孔的方形玉块叫作琮。它们可能是祭祀神祇的礼器。这件琮上雕刻的人和兽首图案是良渚文化的特色。【良渚】

左图　这件从墓葬者身上发现的玉盘叫作璧，它跟琮一样神秘。这些礼器似乎对新石器时代生活在中国东海岸的人们非常重要。这些器具在中国早期的朝代很少被发现，但是在之后它们又重新流行了起来。【良渚】

右图　在新石器时代，玉是最权威的政治和宗教权力象征，是人与神沟通的媒介。据我们所知，很早的时候人们就开始进行玉器加工，但直到公元前3千纪（千纪以千年为纪，即前3000—前2001），玉器的加工工艺才得到了质的飞跃。

　　中国许多的考古遗址都提供了这些早期文明存在的证据，考古学家以发现这些文明的地点命名这些遗址，并按照发掘出来的陶器种类进行大致分类。由于区域差异和共同因素并存，往往很难重建各种聚落之间的关系和它们的时间顺序，这表明贸易网络的存在和发展的连续性。关于这众多的新石器时代文化，人们提出的时间猜想各不相同，有时甚至是相互冲突的。

　　中华文明是在这种地域互动的背景下逐渐发展起来的，公元前221年建立的大秦帝国在政治层面上巩固了漫长而复杂的大一统进程的成果。这个进程从最初的原始社会就开始了，而大一统局面的巩固也最终导致了一种文化样式的普及。

　　最早的一批新石器时代遗址发现于福建、江西、广东、贵州和广西等南方省（自治区）（前10000—前9000）和北方的辽河地区（兴隆洼文化，前8500—前7000；新乐文化，前7000—前5000）。还有大量证据表明，公元前6000年以来，中部、北部和

在新石器时代的艺术品中，很少有塑造人脸的作品。这个彩绘的陶制小人头像来自公元前 5 千纪的一个遗址。【仰韶】

新石器时代陶器的浮雕和装饰部件出现的人头像可能是在刻画萨满巫师，比如图中这件陶器，陶皿上的人头像仿佛就要挣脱出来一般。有一种观点认为，萨满是中国新石器时代部落的政治和精神领袖。【马家窑】

沿海地区的聚落也在不断发展。其中最发达的区域是黄河流域及其支流渭河流域，以及再往南的长江中下游地区。由于气候干燥，北方地区的农业基本以种植粟、黍为主，而在气候温暖湿润的南方，人们则以种植稻类作物为主。

以河南、河北、山西和陕西为中心发展起来的北方文化，用其中两个考古遗址的地点命名为磁山－裴李岗文化（前6500—前4900）。根据一些学者的研究，还有一些年代更久远的聚落也属于磁山－裴李岗文化。该文化的特征是他们有着极为先进的石器制造技术，使用表面粗糙的红色或者棕色陶器，饲养猪、狗和种植粟、黍。在一些墓葬中发现的陪葬品表明他们有某种宗教信仰。之后仰韶文化在同一地区发展起来（前5000—前3000），是最著名的、研究资料最多的新石器文化，其1000多处遗址分布在从甘肃和青海沿黄河流域向东延伸的广阔区域内。

半坡遗址（前4800—前3600）位于陕西省，它建在一个巨大的圆形台地上，周围环绕着一条很深的防御沟渠。半坡是早期仰韶文化的代表。房屋的形制和结构，比如下沉的地面（半地下式）和牲畜的围栏，都表明了该部落成员没有很明显的等级差异。和各个坟墓的情况一样，各个房屋在外形、大小方面也没有什么差别，村落的中央有一座大型建筑用于村落成员的

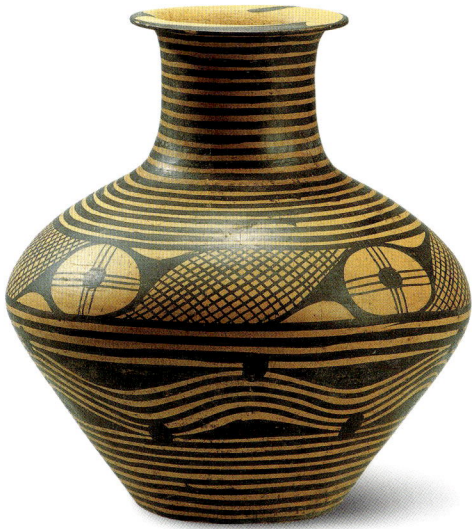

在马家窑陶器的丰富图案中，波浪和旋涡绝对是当之无愧的主角。马家窑的陶工是利用平行线或波浪线制造漩涡效果的大师。【马家窑】

这个画着高度风格化（艺术化的、非写实的）的鱼和人脸图案的陶盆是典型的仰韶文化半坡类型的产物。它原来是放在儿童的骨灰瓮上当盖子用的。【仰韶】

公共生活。半坡文化出土了各种形状的红陶碗、壶和花瓶，但都不是用快轮（快速陶轮）制成的，器皿上装饰有几何、人脸、鱼和鹿的图案，并标有类似原始书写形式的符号。石制和陶制的纺轮，以及陶皿底座上的纺织品印痕，都是纺织业发展的标志。半坡陶器上出现的波纹和开口螺旋纹在之后的庙底沟文化（前3900—前3000）流行开来。

在公元前3300年到公元前2050年之间，甘肃、青海以及内蒙古自治区部分地区出现了从仰韶文化发展出来的马家窑、半山和马厂文化。甘肃西部的齐家文化（前2250—前1900）和火烧沟文化（前1800—前1600）可能是从马家窑文化发展而来的，该文化的特征是生产黄铜、青铜和金银饰品和器物。

大汶口文化（前5000—前2500）分布在如今的山东地区以及江苏、安徽、河南和辽宁的部分地区。这一时期的陶器都是轮制的，且根据黏土的混合和烧制工艺不同，有不同的颜色。在一些墓葬中发现了大量的陪葬品，包括一些木棺，几十件由石头、骨头和玉制成的器物和饰品，都表明了当时已经形成了一个高度阶层化的社会。

分布在江苏和浙江北部的东部文化——马家浜文化（前5000—前3500）和河姆渡文化（前5000—前3300）的经

济建立在捕鱼，饲养猪、狗、水牛和种植水生植物之上，其中水稻是最重要的农作物。根据近期的研究，早在公元前 7 千纪左右他们就开始种植水稻了，这是世界上最古老的水稻种植的证明。河姆渡遗址还发现了建在支柱上的房屋的遗迹。马家浜的陶器是红褐色的，而河姆渡的陶器是黑色的。

崧泽文化（前 4000—前 3000）和青莲岗文化（前 4800—前 3600）是马家浜和河姆渡的直系后代，在沿海一带发展起来。青莲岗的玉器是目前发现的最古老的玉器。起源于新乐文化的红山文化（前 3600—前 2000），主要在辽宁和内蒙古一带发展，他们对玉器加工工艺的发展起了至关重要的作用。最近在那里还发现了一些有趣的宗教建筑群，包括目前已知的第一座寺庙。

良渚文化（前 3300—前 2200）主要分布在浙江和江苏，即东部沿海一带，玉器工艺在这一时期得到了突飞猛进的发展。这些器物的精美和高超的工艺水平也从侧面证明了手握政治和宗教大权的精英阶层的存在。他们的坟墓里装满了价值连城的物品，可以确定其中许多物品的装饰图案和形象都对应着明确的丧葬意义，但具体含义尚不清楚。

这一时期，最早的一批城邦也在东部沿海地区建立了起来。精英阶层掌握了政治、宗教和行政权力，而大量出土的玉礼器（主

这个张开嘴巴嗷嗷待哺的小鸟形状的陶器，展现了当时的人们对大自然的细微观察。【红山】

这个新石器时代的骨灰瓮因其图案而显得与众不同。叼着一条鱼的鹤和一把石斧引发了人们无限的猜想，但其含义至今还是不为人知。【仰韶】

要是从良渚文化的墓葬中）正是这些精英阶层的代表符号，是他们在社会中权威和地位的象征。

在四川、湖北和湖南之间的长江流域繁荣发展的大溪文化（前 5000—前 3000）的特色是水稻种植，石器和红、黑或深棕色陶器的制造。大坌坑文化（前 5000—前 2500）和石峡文化（前 2865—前 2480）以生产工艺精细的玉器而闻名，其分布地区在较偏远的南方。

龙山文化（前 3000—前 2000）主要分为两支，其中一支（陕西龙山文化和河南龙山文化，即黄河中游龙山文化）是源于仰韶文化，另外一支（山东龙山文化）源于大汶口文化，他们自公元前 3 千纪开始沿着黄河流域传播。龙山文化在生产工艺上取得的进步标志着他们从新石器时代迈入青铜时代。

冶金得到了发展，陶轮的使用也促进了精美陶器的生产。通过在低氧窑中烧制，陶器呈现出均匀漂亮的黑色。没有经过装饰的器皿有着多种多样的造型。有一些器皿过于华丽而不适于日常使用，证明它们完全就是祭祀活动使用的礼器。

繁复、奢侈的葬礼和用于祭祀的动物骨骸都证明了当时存在着森严的社会等级和掌握着宗教的统治阶级。之后青铜时代将主宰中国中心区域的文化就发源于公元前 2 千纪的龙山文化。

这个优雅的高脚杯是用一种被称为"蛋壳陶"的材料制成的。它很薄，边缘厚度还不到 1 毫米。【龙山】

这个三足陶鹰鼎是在一个公元前 4 千纪的女性古墓中发现的。这个陶鼎罕见且精美，在同一时期的其他遗址也没有发现过类似的物品；这可能暗示着墓主人的社会地位较高。【仰韶】

# 青铜时代

目前有关中国冶金发展的考古资料表明，青铜器时代正好与史撰传统中的三代（夏、商、周）时期相吻合。从公元前 23 世纪到公元前 3 世纪，三代一直统治着中国大片领土。中国古代的史家将这一遥远的时期理想化为一个开明守礼的时期，同时也将所有对人类发展至关重要的发明，以及完美政体的创立都归功于传说中英明的君王，并将他们树立成品德高尚和正直的不二典范。传说里记载了许多这些具有超自然力量的英雄人物的史诗伟业：伏羲创造了文字、音乐和婚姻，教会了人们打猎、捕鱼和饲养家畜；燧人氏发明了人工取火；神农氏（炎帝）改进升级了药材的运用和农业技术；黄帝发明了轮子和指南针，创造了历法还有航海术；颛顼斩断天梯，分隔了人间和天界；尧和舜是最德高望重且有奉献精神的君王，被世人尊重。大禹因治理洪水有功，帝舜将帝位禅让给他。公元前 2070 年，大禹建立夏朝。

正如神话传说所讲述的那样，公元前 3 千纪的后半叶确实是一个伟大的创新时期，

这个拥有绝美装饰的钫（fāng，也称方壶）高 118 厘米，壶身雕刻着许多向上攀爬的动物，这些动物让方壶显得灵动、精美，在壶顶部的莲花中央矗立着一只生机勃勃的鹤，它的长腿和长颈象征着长寿。
【东周·春秋】

这座公元前 11 世纪的鼎的三条扁足呈凤鸟形，凤鸟的样式经过风格化处理，从而使圆鼎显得与众不同。这些凤鸟在设计上与同一时期玉坠上的凤鸟纹样颇为相似。鼎口下缘饰以蝉纹，它们象征着不朽。

这件在三星堆发掘出来的青铜部件是一个人头鸟身的幻想生物，出土时它被放置在一棵青铜神树的顶端。在同一地点发现了三棵这样的神树，其中一棵高 4 米。【公元前 12 世纪】

从新石器时代到青铜时代创新的步伐从未停歇。龙山文化广泛传播，其各个聚落之间的贸易往来也越来越频繁。社会阶层日益分化，萨满祭司阶层的统治得以确立。巫术－宗教领域的政治主导地位影响了资源的分配使用，因此技术进步被导向生产精致的礼器，而不是提高农耕技术。

冶金和第一批有组织的政府就是在这种背景下发展起来的。各个部落为了争夺资源丰富的中原的控制权在政治和军事上博弈不断，当任何一方取得胜利的时候，国家就形成了。发源于河南龙山文化的夏文化取得了黄河流域中部地区的控制权。夏的统治一直持续到公元前 16 世纪，他们被山东龙山文化的后代——商部落所推翻。

商人原定居在中原地区东部，他们的统治持续到公元前 11 世纪。周人是陕西龙山文化的继承者，原来居住在最西边的地区。周朝的统治至少表面上一直持续到秦建立帝国之前。

中国在青铜时代制造的青铜（铜锡合金）器不论是数量还是种类，都要比世界其他地方的文明多得多，但是刻画人物的器皿却寥寥无几（迄今为止，只在四川三星堆一处公元前 12 世纪的遗址中发掘出一个男性青铜人像和一些"戴金面罩青铜人头像"）。关于当时青铜器生产规模的猜想主要基于墓葬发掘情况：公元前 1200 年的一个商墓中有超过 1600 千克的青铜器，在公元前 5 世纪的一个墓葬中发现了近 10 吨青铜器。单

这个叫作爵的盛酒容器是最早出现的青铜器之一。当时的制造工艺还不够精湛，这个爵的表面十分粗糙且不均匀，有些地方的浇铸痕迹还很明显。【二里头】

这款三足陶斝（jiǎ）是混合了砂质黏土而制成的灰陶（夹砂灰陶）。它是用来盛酒的器具，与另一个漆木高脚杯一起在一个坟墓的壁龛里被发现。【夏家店】

个商代的方鼎礼器重量都不少于 875 千克。

# 夏

中国历史从未质疑过夏朝的存在。汉代伟大的史学家司马迁（约前 145 或前 135—？）曾列出帝舜（夏朝建立前的最后一位统治者）死后即位的 17 位王，但司马迁并没有标明史料的出处。根据他的记载，史学家推算夏朝为大禹在公元前 2070 年建立，到公元前 1600 年灭亡。尽管许多学者曾认为夏朝是传说故事里的朝代，但如今它的真实性已经被一个都城的发现所证实。据记载，夏朝有九座都城。

1959 年，一个占地超过 10000 平方米的宫殿地基在二里头（河南偃师城区附近）的一片居住区里被发现了。这个宫殿遗址有四个地层，其年代可追溯到公元前 2010 年至公元前 1324 年。建筑主要有一个大殿，衔接着一些互相连通的带屋顶的走廊。如此庞大规模的宫殿极有可能是夏朝最后一个都城斟鄩（Zhēnxún）的遗址。这个宫殿证明了当时社会高度发展的政治、经济水平与高度分化的社会阶层。这一点也被住房和陪葬品之间的差别进一步证实。繁多的陪葬品也表明了宗教在当时的重要性，且当时有活人殉葬的习俗。

由于整个宫殿和房屋的架构都是木制

这个镶嵌着绿松石的青铜牌上的图像的确切仪式意义尚不清楚。从上面看，它似乎是一个巨大的怪物，有一双锐利的眼睛，冷冷地盯着看着它的人。【二里头】

的，考古学家只挖掘出了石头地基和石柱基（即石础，支撑房顶的柱子下的底座）。中国人非常喜欢用木头来做建筑材料。根据一些学者的描述，选择这样一种朴素的材料与统治阶级对权力概念的理解方式有关：威望是建立在氏族的力量和规模之上的，而不是建立在宏伟的建筑之上。这座宫殿的遗迹告诉了我们一个事实，即使当时最宏伟壮丽的宫殿也不是用坚固耐用的建材建成的。

考古学家在二里头遗址的第三层（约前1700—前1500）发现了大量工具，包括一把较为原始的犁，刻有符号的陶制品（说明了文字的发展进化），珍贵的玉礼器，简单的青铜器，如锥子、钻子、鱼钩、开刃的武器和箭矢，以及乐器。一些考古学家鉴定这些是夏朝的物品，与此同时他们在河南、陕西、山西、河北和湖北的遗址中也发现了大量同时期的类似物品。在这一批出土的青铜器中还有用于祭祀的器皿，即用来盛放食物供品和祭祀仪式上喝的谷酿酒。这是中国迄今发现的最古老的一批青铜器，表明夏朝恰好是青铜时代的起点，尽管其工艺水平表明青铜铸造技术已经经历了漫长的发展过程。在甘肃的马家窑、齐家和火烧沟文化遗址，以及陕西、河南和河北的龙山文化遗址中发现的小型铜和青铜器表明，至少从新石器时代开始，工匠在一定程度上已经熟练掌握了金属冶炼工艺。

几乎所有的二里头时期的青铜礼器都十分朴素。这些青铜器的工艺基本都是浇铸而成，不像世界其他地方那样是锻造，它们的外形基本都是效仿陶器的造型。浇铸青铜器往往要使用陶泥制成的块范[1]，而失蜡法直到公元前 5 世纪才被人们掌握。浇铸工艺通常需要高温窑和大量的青铜矿，但这些条件对于当时的工匠都不是问题，他们从新石器时代的陶匠那里继承了丰富的经验，并且中国的矿产也相当丰富（考古学家发现了 3000 年前就被开采过的矿山）。

# 商

根据传统说法，夏朝是承天命而治天下，但由于夏的末代君主桀昏庸无道，残暴嗜血，还被一个残忍放荡的妃子摆布。桀身处圣位却行为卑劣，引起了人们的怨恨，最终遭到天谴，被汤推翻。百姓们认为汤为人正直，品德高尚，应该由他承天命，于是商朝就建立了。

商原本是推翻夏朝的部落祖先的都城的名字。后来它成为大萨满的代称，大萨满统治着由不同传统和风俗的部落组成的联盟长达 7 个多世纪。从 1928 年开始的河南安阳考古发掘证实了商朝的历史存在，并在那里发现了商朝最后一个都城殷的遗迹（始建于约公元前 1300 年）。殷墟的面积达 24 平方千米，其中包括洹河两岸的城市（小屯）和墓地（西北岗）。

在安阳殷墟发现的商文明表明当时的政治、政府已经具有一定规模，各部门有着复杂的职能分配。这相比之前发现的新石器时代遗迹有着显著的进步。有一种理论认为当时有大规模的中东地区的移民迁徙至中国并带来了先进的知识与技术，殷墟的发掘成果使得研究人员正在试图寻找更多中国早期青铜时代的证据来驳倒这一猜想。

直到 20 世纪 50 年代，当夏文化（二里头）和商朝早期的多个定居点的遗迹被发现时，考古学家才能够证明中国本土历史发展的传承性和传统历史记载的可靠性。在河南郑州附近的二里岗，人们发现了深 20 米、长 7 千米的巨大城墙地基。城墙的内侧有宏伟华丽的宫殿，外面有房屋、仓库、工匠作坊、铸造厂和墓地。这座城市的财富

---

1　需接合在一起的几块模具，也可直接称泥范或陶范。——编者注（本书注释均为编者注，后文不再作说明）

左图　两只凤头鸟立于这尊叫作斝的三足容器上，整体看上去既和谐又美观。【公元前 11 世纪】

右图　这个巨大的方鼎是整体铸造的：整个鼎由八部分组成，手柄直接在一个双层模具中铸造，而支架需要一个内模和两个外模。【二里岗】

集中远比二里头遗址表现得明显，可以推断它原本肯定十分宏伟壮观。一些考古学家认为这是商朝第二个都城隞（áo，又作嚣）。后来，在山西、陕西、山东、河北、安徽、湖北等地发现的大量聚落都与二里岗遗址有联系，尤其是与二里头遗址的第四层。

　　另一项对商代考古有着重大推进性的事件就是考古学家发现了约 15 万件商代文献，里面详细记录了萨满在宫廷里的占卜和宗教活动。这些文献可追溯到商朝最后 9 位君王的统治时期，对这些材料的破译让考古学家对殷商的了解更加透彻了。这些记录以甲骨文的形式出现。考古学家在安阳殷墟发现了大量甲骨文。制作甲骨文的材料大多是牛的肩胛骨，也有部分羊骨和龟壳。萨满会在祭祀仪式中将这些骨头扔进火中，火焰的炙烤会让骨头产生裂纹，而这些裂纹就是萨满们和先祖沟通的通道。

　　这种做法在新石器时代就已为人所知，但直到晚商时期，每条裂缝的数量和顺序、

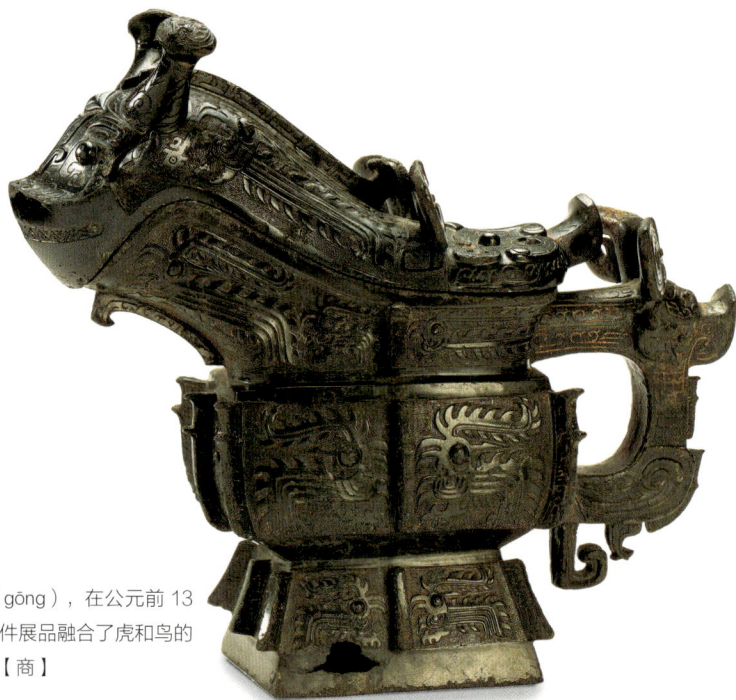

这件动物形状的盛酒容器叫作觥（gōng），在公元前 13 世纪到公元前 9 世纪非常流行。这件展品融合了虎和鸟的外观特征，外观精致，装饰华丽。【商】

提出的问题以及答案才被刻在骨头上记录下来。这些甲骨文是中国最早的文献记录，十分宝贵。利用火和骨头占卜的仪式在商朝很常见，在火中窥见的预言也深受人们尊重。统治者们在做出决策前往往需要仪式活动来使自己受到神或者先祖的启发，从而做出正确的决定。

商朝可以被分成两个时期：二里岗文化时期（前 1600—前 1300）被称为早商，殷墟文化时期（前 1300—前 1046）被称为晚商。先进的青铜制造技术在二里岗文化时期蓬勃发展；贵族不仅在宗教仪式中使用青铜器，还会将其作为陪葬品和贵重的玉器一起放在

在商朝的众多仪式中，酒扮演着重要的角色。人们大量使用的平底的青铜高脚杯叫作觚（gū），这种高脚杯从顶部到底端逐渐变细，杯口呈喇叭状。【商】

这只罕见的象牙杯属于商王武丁的王后妇好，上面有典型的商代青铜礼器纹样：精致的嵌绿松石饕餮纹，在杯身和杯把（也称鋬 pàn）上布满螺旋状的雷纹，鋬是夔龙的形状。【商】

坟墓中。虽然有证据表明当时的工匠已经多少掌握了锻造技术，但泥范浇铸法还是主流的青铜器造法（考古学家曾在一个铸造厂遗址发现了超过 1000 件范模）。在晚商时期，礼器上的动物形象越来越写实了，但兽面纹却更加具有表现力、更风格化、抽象化了。此外，器皿上还出现了铭文用来显示物主的身份地位，后期铭文也会简单地记载各种仪式活动的过程。

据记载，商朝前后共有 30 位君王统治，他们是通过一种复杂的继承制度接连登上王位的。这种王位继承制度建立在统治家族内部的亲缘关系上。王室由萨满祭司阶层组成。统治者（掌握政治、军事和宗教大权）和他的宗族掌握大权，因为人们相信他们可以与生活在灵界的先祖和神明沟通，从而对他们敬重万分。在当时，祖先对在世的人有着不可置疑的影响力，统治者能够与祖先直接交流使得他们及其子孙后代被人们神化，这也使他们的统治地位合法且不可撼动。

祖先崇拜是当时宗教信仰的核心。宗教与政治紧密相连，仪式无疑在政治生活中扮演着重要角色。王室成员的祭祖仪式十分繁复，包括占卜等一系列流程，且只有直

左图 这个跪坐玉人最大的特点是复杂的发髻、头冠和背后巨大的宽柄器。这个玉像是王后妇好的华丽陪葬品之一。【商】

右图 与神明和先祖交流的占卜仪式往往离不开动物骨头。这个龟壳上铭刻的八个字与狩猎有关。【商】

系男性成员才能主持祭祀仪式。

青铜礼器上装饰着各种动物，其中一部分被刻画得更写实一些，这部分动物与仪式活动密切相关。人们在仪式上会饮用大量的酒水，借助酒精让自己进入飘忽迷离的状态，以达到让自己与另一个世界交流的目的。

商代的历任君王都积极地进行军事和外交活动，以维持和巩固商对其他方国的霸主地位或联盟关系，同时一边维持着一支配有战车的强大军队。商朝的京畿地区是由王室直接管理的，其他地区则是分封给王室的家族成员或者交由被征服的地方首领统治。在商统治范围的边缘居住着许多其他民族，他们被定义为蛮夷，经常被商人抓走作为奴隶或者殉葬品（在王室陵墓中有大量的活人殉葬墓）。

考古学家发现了一些未被甲骨文和古代历史学家记载的先进文明。在四川广汉附近三星堆的两个祭祀坑中发现的文物，显示了高度发达的宗教信仰和习俗制度，并且他们完全独立于当时的中华文明中心。

# 西周

这件精美的青铜盘是仪式用的盥洗器皿。盘身上雕刻的鱼、龙和鸟象征着动物世界和灵界，在仪式中起着沟通两个世界的作用。【公元前 11 世纪】

　　根据历史记载，商步了夏的后尘。商最后的君王帝辛（商纣王）也是一个骄奢淫逸、暴虐成性的君王，他所犯下的罪行招致了天怒，天下令废黜他。天命再一次被合理地运用，作为合法推翻上一个王朝并建立新王朝的工具。据此，至高无上的天会将大任授予一位品德高尚的人去完成大业，此人受天命后也要身体力行，证明自己。历史学家不断援引君王应受谴责的行为来解释一个王朝的衰落。实际上，在商朝统治末期，中央权力与周边的地方利益之间的紧张关系日益明显。这种紧张关系影响了中国历史的大部分进程。

　　商的贵族们逐渐与帝辛疏远并削弱了他的权力。周武王（前1046—前1043年在位）便利用了这一情况，他不仅想借此摆脱商的控制，而且想取而代之。周位于商的西边，在渭水流域发展，都城酆（fēng）位于今西安附近，周文王（武王的父亲，前1105—

这件雕铸着蟠（pán）龙纹和蟠虺（huǐ）纹（也就是盘曲的龙和蛇的纹样）的方壶年代可追溯到公元前 9 世纪，通常这些图案只出现于织物和青铜器的小部件，例如把手（鋬）上。【西周】

在商和西周出土的数千种青铜器中，角（jué）的数量只有 40 余件。这种用于饮酒的礼器在后来的朝代里就不再作为陪葬品了。【西周】

前 1056 年在位）将酆发展成一个强大有序的都城，其实力足以和商分庭抗礼。商周的关系曾一度陷入紧张状态，为了削弱和限制周的军事实力，周文王被软禁在殷附近的羑（yǒu）里城内，周武王在其父亲死后便起兵推翻了商朝。周武王领导了一支强大的军队，军队里不仅有周的军人，还包括如蜀和羌这样和商常年敌对的少数民族，此外武王还得到了大量商贵族的支持。

约公元前 1046 年，在殷附近的牧野，商和周的军队展开了一场史诗般的大战。周武王取得大捷，帝辛被杀死，但是商的都城殷并没被摧毁，而是由帝辛的儿子武庚来管理，周武王委派了三个兄弟来监视武庚。新都城定在了镐京（今陕西西安西南），其地理位置和周先前的都城距离不远，镐京依旧承载着宗教中心的功能，并修建了王室宗庙。

周朝的国祚一直延续到第一个帝国秦朝建立之前。历史学家把周分为两个时期：西周（从周建立到公元前 771 年）和东周（从公元前 770 年到公元前 256 年）。

周武王死后由武王的儿子周成王（前1042—前 1021 年在位）继位，由于继位时成王年纪尚幼，便由武王的兄弟周公（前1042—前 1036 年在位）摄政。武庚认为复仇时机已到便高举反叛大旗，也得到了部分周贵族的支持。周公平定了叛乱，将叛党的土地重新分封给了自己的兄弟。周

这尊在陕西宝鸡发现的公元前 900 年的小青铜人像，其独特的手形与在三星堆的一个祭祀坑中发现的公元前 12 世纪的大青铜人像相似，双手成环握着东西。【西周】

这个釉面陶罐的形状和装饰使用的是东周时期的青铜器的模板。此时的装饰纯粹是出于美观，器皿的宗教意义已不复存在。【东周·战国】

公在如今河南洛阳附近建立了第二个都城洛邑，以便控制东部地区。周成王成年之后，周公就把政权交还给了天子，深受儒家影响的后世史学家都将周文王、周武王和周公树立为道德和智慧的楷模。

早期周朝君王们的历史事件和事迹在许多著作中都有讲述，但仅存的版本是在几个世纪后编纂或重写的。《书》（又称《尚书》）和《诗》（又称《诗经》）的部分篇目的写就日期似乎可以追溯到西周。

青铜器上的铭文是极为珍贵的历史文献，其中有的长达几百个字。它的内容不受其他后世的主观影响，而是客观地存在于青铜器上，为我们检验和考察历史和文学叙述的可靠性提供了最直接的途径。

周的君王都自称为"天子"，这个称呼也被后世的历任皇帝效仿。他们不再效仿商代的君王和贵族那样将自己的祖先和神明联系在一起使自己神化，而是将自己塑造成天的代表，只遵照天意进行统治。这种观点的改变对社会的所有方面都产生了重要的影响。仪典和祭祀所耗费的人力物力都大大地减少了，占卜也逐渐失去了在仪式中的核心地位。

国家的结构变得更加复杂，但仍旧建立在血缘关系上。权力的分配制度受到了宗教价值观的启发，实行的是宗法制。这套制度建立在氏族内部的等级关系之上。出身于嫡系还是旁系决定了等级地位的高低。祭祀和传统起到了确证、认可这些等级区分的作用，而且这种区分在各种场合都很明显。

商代的农耕技术没有太大的进步，但到了周代，轮作技术被引用到农业，这样，肥力耗尽的土地也被利用了起来，耕作效率得到了极大提高。与此同时，这一时期也开始种植大豆。因为青铜器和玉器在宗教中的重要作用，工匠们在那一时期的社会地位较高。

西周分为三个时期：早期（前 1046—前 977）由周武王、周成王、周康王和周昭王统治；中期（前 976—前 886）是由周穆王、周共王、周懿王和周孝王统治；晚期（前 885—前 771）分别由周夷王、周厉王、周宣王和周幽王统治，在厉王和宣王之间还经历了共和行政时期。周朝从周宣王（前 827—前 782 年在位）时开始衰败，周幽王（前 781—前 771 年在位）继位后更甚。公元前 771 年，不服周朝统治的蛮夷犬戎勾结部分周的贵族杀死了幽王，并把周王室赶出了都城镐京。

# 东周

自周迁都至现在洛阳附近开始，史学家们将东周（前 770—前 256）划分为两个时期。第一个是春秋时期（前 770—前 476），春秋得名于史书《春秋》（《鲁春秋》），该书记录了公元前 722—公元前 481 年在孔子故乡鲁国发生的种种事件。第二个是战国时期（前 475—前 221），得名于公元前 1 世纪编纂的历史书籍《战国策》。《战国策》收集整理了一批公元前 3 世纪到公元前 2 世纪的文章，这些文章讲述的都是公元前 4 世纪到公元前 3 世纪各诸侯国的事。

早期周的制度和礼数逐渐瓦解和崩坏。周王室力量日渐式微，不再拥有足够的军事力量保卫王土，所有残存的政治权威也一并丧失。周王室仅保有最高的宗教权力，因为它还立于"天下"（即文明世界）之首。之前，周王分封诸侯以换取上贡和军事支持。但在战国时期，这些诸侯的后代统领的大大小小的王国、公国[1] 为了获得独立的地位和霸权，

---

1　公爵的封国，当时诸侯有公、侯、伯、子、男五等爵位。

左图 这个精美的有着耳朵形状把手的杯子（耳杯）已历经 23 个世纪。它独特的上漆工艺使得它能够防水、耐酸、耐热。该工艺极其繁复，先是将漆料涂抹在木胎上，然后晾干，抛光，之后再上一层新漆，这个过程起码需要重复 30 次。【东周·战国】

右图 鄂君启铜节，战国时期青铜器物，分别是舟节和车节，其表面镶嵌着金字，说明其用途。楚怀王将其赐给一个战略地位重要的小国——鄂国，规定他们水路、陆路运输和纳税情况，同时也作为他们运输货物的免税通行凭证。

征伐不断。当诸侯们拥有足够实力，他们便开始自封为"王"。那时"王"是天子的称谓，但周天子没有实权和实力，只能默默地接受各个诸侯未经允许的兼并和僭越行为。

公元前 7 世纪，地处边缘的诸侯国对政治的影响力越来越大，很快就威胁到了中原地区。北方的齐国和晋国，南方的楚国为了争夺霸权，两百年间血雨腥风，征战不断。他们的斗争一直持续到公元前 5 世纪，谁也没能占到上风。公元前 453 年，晋国分裂成赵国、魏国、韩国，史称三家分晋。

在战国时期，有七个王国（赵、魏、韩、秦、齐、燕、楚）争夺霸权。大一统进程进入了一个混乱和复杂的阶段，这将对后来的权力平衡产生决定性的影响。漫长的战争，联盟的变化，活跃的外交活动，背叛、奇袭和残忍的谋杀使得政治局势无时无刻不在发生变化。秦国在众多诸侯国中笑到了最后。这得益于秦国优越的地理位置：它地处陕西的黄河西岸，拥有坚固的天然屏障。

秦国在商鞅学说的启发下进行了重大的体制和行政改革。商鞅是公元前 4 世纪法家学派的主要代表人物。这些改革和政策在国内得到了严格的实行：内政上致力于加强国力，外交上以统一天下为宗旨。秦国很快就发展成为一个所向披靡的军事强国。公元前 246 年，才华横溢、领导能力超群的秦王嬴政继位，他的继位被视为历史的转折点。在他的领导下，秦军在公元前 230 到公元前 221 年间横扫了所有的诸侯国。由此，中国历史上第一个伟大的帝国诞生了。

各个诸侯国在不断受到外部威胁的压力下，建立了一套能够让政治和军事力量最大化的权力体系。在这个飞速发展的时代，宗法体系不再代表社会等级关系，战功和财富让一个新的统治阶层崛起。与此同时，那些贫穷和下层的贵族也形成知识分子阶层——士阶层。大臣、改革家、思想家和哲学家试图重新建立某种社会理论，从而来解释这个动荡的社会带来的意识形态和文化方面的危机。在这种物质、精神和意识形态混乱的局势下，一个可以建立新的秩序，对社会的控制和政府的管理有帮助的体制成为必要。

各种各样的学派观点被提出。这些思想在知识分子阶层广泛流传并且引起了激烈的辩论，思想的不断碰撞产生了很多不同的见解。正是有了这种时代背景，才造就了百家争鸣的现象：儒、道、法等各种各样的思想百花齐放，同时也出现了许多思想大家，如孔子、孟子、荀子、老子、庄子、商鞅、韩非子、墨子、公孙龙、邹衍等。

连续不断的战争消耗了大量的人力和资源，但从另一个角度看，由于战争的需要，技术工艺也得到了前所未有的发展。

这件鹿角立鹤青铜器高约 143.5 厘米，发现于曾侯乙的棺木旁。它安放的位置表明了它有着极其重要的仪式性功能，可能是悬挂灵鼓的通天灵媒。鹤嘴右侧有七字铭文："曾侯乙作持用终"。【东周·战国】

青铜豆，它由高足盘和倒置的杯子形状的盖子组成。盘身用精致的金丝装饰云纹。【东周·战国】

这件青铜器是带盖提梁鸟足怪人盉（hé）。它的把手（提梁）塑造成了某种异兽的形象——一种杂糅了其他动物特点的虎或豹，而这件器皿的足看起来就像狮鹫或者某种猛禽，仔细看会发现是一只展翅的鸟攫住了一个鸟足怪人的肩。【东周·战国】

在公元前 6 世纪和公元前 5 世纪之间，生铁冶铸技术（这个技术在西方晚出现了 1000 年左右）和制钢技术为军队提供了许多精良且高效的装备，弩就是其中之一。钢铁冶炼技术不仅用于军事，还在农业方面提供了耕地的新农具。木制、石制工具和本身数量较少的青铜工具逐渐被大批量生产的铁器工具取代。由于铁器的效率更高，大片的土地得到了开发和耕种，生产力得到了大大提高。

曾经只在仪式典礼上才会使用的青铜器进入了人们的日常生活。制造业发生了翻天覆地的变化，新的制作流程也开始被引入。贸易往来更加频繁，促进了经济的发展和财富的大量积累。人们开始修建庞大的灌溉工程，挖掘数百千米的运河。同时，人们为了控制河流流量，修建起高大的堤坝，为了防御外敌则修建了高大的城墙。

# 帝国时代

　　漫长又艰辛的统一大业终于在公元前 221 年完成了。在辽阔的华夏大地上，融合了各民族的帝国建立了起来。尽管经历了盛衰变迁，中华帝国还是延续了超过 21 个世纪之久，直到 1911 年才画上句号。公元前 221 年至公元 220 年这段时期，秦朝（前 221—前 206）和汉朝（前 206—公元 220）先后掌权，它们对整个中华帝国时期的行政、经济和社会结构的形成起着至关重要的作用。

　　政治上的大一统造就了人口和经济空前爆炸式的增长，这一伟大成就由秦始皇（前 221—前 210 年在位）完成，由汉武帝（前 140—前 87 年在位）巩固。与此同时他们还兴修了许多庞大的工程保持增长。在金属加工、木工、纺纱、织造和许多其他生产领域都取得了高水平的技术技能。繁荣的手工业和贸易创造了巨大的财富。

　　学术方面不仅文学、历史和哲学领域蓬勃发展，而且数学、医学和天文学领域也蒸蒸日上。这一时期涌现出大量人才，例如司马相如（前 179—前 117）、曹操（155—220）等大诗人，董仲舒（前 179—前 104）、王充（27—97）等哲学家，司马迁、班固（32—92）等史学家，刘歆（前 50—公元 23）、马融（78—166）等大作家。

　　这也是一个在科学方面人才辈出的年代，例如张衡（78—139）发明了浑天仪和地动仪。当时的艺术家们名不见经传，因为他们被归于工匠，身份低微，但他们的作品却十分美观漂亮，如有着精美纹饰的漆器、高雅的织品、精致的绢、帛画、壁画、釉面陶器和青瓷，石雕、木雕和浮雕，以及珍贵的玉石和金属制成的珠宝和饰品。

　　用丝绸、麻头或稻草制成纸的发明可以追溯到蔡伦的东汉时代，并从 1 世纪开始广泛制造（现存最古老的用于书写的麻纸碎片可追溯到公元前 2 世纪或前 1 世纪）。

弩手在秦始皇的军队中起着重要作用。在秦始皇陵旁的一号坑，掩埋着 6000 多个兵马俑，弩手位居前锋。一号坑前锋有 3 排，每排 70 个兵马俑。在这位跪姿弩手旁边发现了一些箭头、一把青铜剑和一把弩弓的残骸。【秦】

上图 这只鎏金铜耳漆耳杯底部刻有铭文，铭文介绍了这件器物，同时也明确记载了它的生产年代（公元4年）、制造地点和参与制作的工匠。【西汉】

下图 对中国人来说，成对的大雁表示婚姻的和谐，因为大雁是真诚和信赖的象征。这对彩陶器皿就做成了大雁的样子。【汉】

这远早于阿拉伯人（8世纪）和欧洲人（10世纪），他们直到12世纪才开始大规模造纸。造纸术先后传播到了朝鲜和越南，610年由朝鲜僧人昙征（579—631）将造纸术传入日本。现存最古老的纸写本——《法句譬喻经》可追溯到256年，目前存放在日本东京。

左上图　这匹青铜马是典型的汉代风格，其生动活泼、刚健有力的外观，不仅体现了一种风格的选择，也使我们能够从这个模型上得以窥见真马的雄风。为了增强帝国骑兵的实力，汉武帝从中亚引进了一批"天马"，这种马比起中国品种的马更加魁梧健硕。【东汉】

右上图　汉代的陶工是使用铅釉的专家。铅釉工艺用氧化铅作助熔剂，用氧化铁和氧化铜作呈色剂，可呈现出从棕色、琥珀棕色（铁）到绿色（铜）的一系列色彩。所以铅釉可以产生令人惊讶的美丽效果，比如这只优雅的有盖的壶。【汉】

右下图　我们对于中国古代的纺织品和服饰的了解主要来自汉朝及之后朝代的墓葬中经常发现的彩绘木制雕像或其他材料制成的雕像。【西汉】

兵马俑的发髻非常精美、整洁，数条辫子紧缚于脑后。【秦】

# 秦

秦在短时间内征服了所有的对手：公元前 230 年灭韩国，公元前 225 年灭魏国；楚国在公元前 223 年被降服，赵和燕在公元前 222 年接连被灭，最后齐国也在公元前 221 年被征服。在此之前从未有任何一个诸侯王坐拥如此广袤的领土。帝国的版图达到了前所未有的面积：西至甘肃和青海高原；南达广东、广西甚至更南；东部的海岸线绵延千里；北方的领土也不再局限于黄河流域，现在辽东半岛也成为帝国的一部分。秦王嬴政一统六国后意识到自己开创了一个新时代，便认为自己"德兼三皇，功过五帝"，遂从中各取一个字称自己为"皇帝"。在此之前，"皇"和"帝"是上古传说中开创了文明的君王的称号；对于商朝来说"帝"则是最高神。秦王嬴政公然挑战传统权威，称自己为始皇帝，并认为自己开创了一个千秋万代的皇朝。

秦始皇意识到要让这些彼此争斗百余年的国家真正实现统一是十分困难的事情，他便和丞相李斯一同制定了一系列政策来巩固中央权力。法家学派的理论作为帝国的意识形态和决策的基础，130 年来让秦国的军事和政治取得了巨大成功。提倡法制的人认为，国家利益是最为重要的。他们设计并实行了一个组织严密的中央集权政府体系，其基础是两个基本原则：法，社会控制的基本工具；术，它为利用人的自然本性提供了一套方法，因为法家认为人的本性是消极负面的，除非用于为国家服务。

这种理论认为一个有效的立法体系必须是公正、简单、易懂和公开的，这样的法律才能够深入人心。严格实施奖惩将保证对法律的严格遵守，保证各行各业公民的忠诚。因此，法家学说是一种高度实用主义的学派，它提供了有效控制社会的方法。韩非子说，选择政府的唯一标准是能力和功绩。伟大的思想家韩非子是法家的代表人物之一，他年轻时曾是李斯的朋友和同学，但在公元前 233 年李斯将其囚禁并逼他自杀。

为了落实新政策，秦始皇剥夺了旧贵族的所有权利并将他们强行迁至咸阳（今陕西西安附近）。整个帝国被分为 36 个郡，每个郡由数个县组成。在地方又有乡，每十亭（千户）为一乡，每十里（百户）为一亭。

地方官员都由皇帝直接任命委派。法家的连坐法得到施行，并以五户或十户为一个单位。

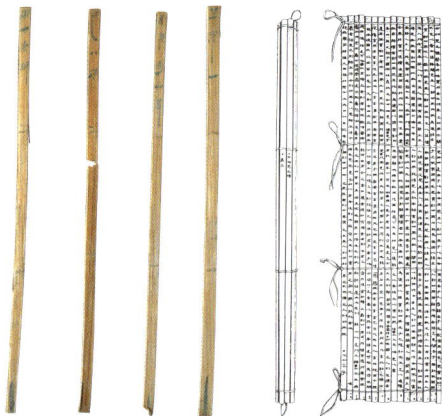

越来越多的发现证明在造纸术发明之前，所有的记载文字的材料都极易腐烂。直到5世纪，竹子、木头和成卷的丝绸还被用于书写。文字用毛笔垂直地写在准备好的竹条上（每个竹条都是一纵行），然后把竹条绑在一起，打开时从右向左阅读。在湖北郭店发掘出了一小批公元前350年的哲学竹简，是极其重要的文献。【东汉】

这个在秦始皇陵发掘出的仆役陶俑跪坐着，像中国古代所有的礼仪习惯一样展现出顺从和尊重。这一跪坐的礼仪在日本保留了下来。陶俑的衣服原本是彩色的。【秦】

帝国的中央政府围绕三公组织起来：丞相为最高行政长官；太尉为最高军事长官；御史大夫监察百官。各地郡守定期向丞相汇报事务工作。九卿负责管理宫廷的日常事务。

秦始皇下令统一文字、货币、车道和度量衡，这些命令大多已在秦国成功实施，旨在促进帝国的政治和经济统一。中央政府还颁布了各种法典。1975年考古学家在湖北睡虎地发现了一些公元前217年的竹简，上面记载了部分法典内容。传统上认为，中国第一部法典可以追溯到公元前536年，当时郑国的相国子产将刑法刻在青铜鼎上。公元前513年，晋国也颁布了一部法典。

公元前4世纪，商鞅变法时期，秦国有了六部基本法（"六律"）。睡虎地文献包含了大量的法规，是最早的一部历史学家能了解具体内容的法典。这些法令主要侧重行政法令和刑法，这一内容在之后一次立法时也没有改变。这些法律不仅适用于中央政府和地方政府，还管制着人们的日常生活。

由于传统是推行新政策的阻碍，所以在公元前213年，秦始皇颁布法令烧毁过去的历史、文学和各家学派的著作，只保留了科学著作和本朝的编年纪。被销毁的书籍中只保留一本存于皇家的藏书机构，供中央单独使用。任何根据传统学说和习俗对该法令提出批评或反对意见的人，都将受到包括死刑在内的严厉惩罚。公元前212年，据说有460名儒生因不遵守法令而被活埋，尽管人们严重怀疑这是否真的发生过。2000多年来，中国历史学家一直在斥责秦始皇对文化的蔑视，似乎也过度渲染了他的傲慢和残暴。

实际上，秦始皇兴修了许多被后世使用了几百年的工程。大秦修建了庞大的道路网，使中央和遥远的边疆地区之间实现快速通行。道路网的总长度约6800千米，超过了罗马帝国修建的道路网的总长度。

秦朝还开凿了灵渠以连接湘江和漓江，这样一来便打通了长江流域和珠江流域。灵渠的修建大大便利了货物运输和大片农田灌溉。秦始皇将秦、赵、燕三国的防御工事巩固并延长，在其基础上修建起了雄伟壮观的万里长城。长城蜿蜒绵延5000多千米，这项伟大工程的目的是为了抵御北方匈奴的袭扰。

数以百万计的农民被雇佣去进行建筑工作。还有一部分人参军去镇压由于中央集权政策而引发的频繁的暴动，南方地区尤其痛恨这种政策；或者去解决帝国的外部威胁，包括来自南方自然边界之外的威胁，以及长城之外北方游牧民族和半游牧民族的威胁。

公元前210年，秦始皇在巡视途中于沙丘（河北）驾崩，于临潼（陕西）下葬。

在秦始皇陵中发现了许多乡村场景和农业建筑的模型，如这幅图所示的谷仓，另外还有水井、猪舍、火炉和鱼塘等各种模型。【秦】

这件秦十二字瓦当是用来装饰宫殿前檐的陶土瓦片，其上刻着"维天降灵，延元万年，天下康宁"这一象征吉祥和美好的语句。【秦】

皇陵内约有 7000 兵俑、600 匹真实大小的陶马、100 架木制马车、2 架青铜马车以及大量的武器。

这个本该"千秋万代"的皇朝并没有在失去奠基人的打击下维持多久。朝廷和政府因丞相李斯和宦官赵高领导的两个集团的权力斗争而四分五裂。他们诱骗皇太子扶苏自杀，并立秦始皇的小儿子胡亥为帝，称"秦二世"。

公元前 208 年，赵高将李斯除掉后，第二年又逼死秦二世，并将皇位传给秦始皇的孙子子婴，子婴不敢以秦三世自称。这位新皇帝意识到了赵高的威胁并在登基后不久就除掉了他，但为时已晚，秦朝的统治已经摇摇欲坠。当政府被宫廷阴谋削弱的时候，已经穷困不堪的人民正处于叛乱的边缘。

连年的远征及大量公共和皇家工程的修建工作带走了大量劳动力，成片的农田荒废。秦朝的法令条律在新征服的地区施行得过于严苛，没有一个循序渐进的过程，也没考虑到当地的风俗习惯。最终，公元前 209 年，农民揭竿而起，起义迅速蔓延到了整个帝国。公元前 206 年，叛军和秦军展开激战，最后平民出身的刘邦和楚国贵族后代项羽先后率领军队攻入咸阳，秦朝的统治就此终结。

战国时期，人们开始使用铜范代替陶范或石范来铸造钱币。将熔化的金属倒入一端的通道中，它会沿通道流动并流入两侧的凹槽中。【秦】

# 西汉

汉朝于公元前 206 年建立，但刘邦在公元前 202 年击败昔日的盟友项羽后才称帝。在中国历史上第一次，一个出身卑微的人坐上了天子的宝座。他死后被尊称为高皇帝，即汉高祖（前 206—前 195 年在位）。

刘邦将汉的都城定在长安。为了稳固政权，他把土地分封给了当时同他一起征讨项羽的功臣。被分封到土地的统治者称自己为"王"，就像东周时期那样。除丞相继续由皇帝任命之外，各诸侯国官员全由地方任命。分封的七国都有权力设立自己的军队。

秦设立的制度是中央集权，汉在采用了秦朝的中央集权制度的同时又设立了诸侯国。这样的双重体系造成的矛盾很快就显现出来，并成为引发长期冲突的根源。中央希望重新控制整个帝国，而地方统治者则想打破稳定以达到独立的目的。汉高祖刘邦将诸侯王替换为皇子的做法结束了这种割裂的情况。

从公元前 206 年到公元 9 年，共有 12 位皇帝和 1 位太后先后掌权。其中功绩最为突出的是汉武帝刘彻，他为巩固政权做出的贡献超过了其他任何皇帝。在汉武帝 54 年的统治期间，他采用了军事征服和权力下放的政策。帝国繁荣昌盛，领土规模几乎翻了一番。它吞并了东北南部的部分领土和朝鲜半岛，南方的各个独立王国也被汉征服。

西部是极其重要的战略地区，为了控制通往中亚的贸易通道，汉帝国设立了西域都护府。大汉的军队远征新疆、塔里木盆地的绿洲、费尔干纳盆地[1]和锡尔河上游河谷，所到之处均设立了要塞。汉朝频繁地向西方派遣使团，并在遥远的边疆地区设立驻军，这有助于和当时与中华文明没有接触的民族建立强大的政治、经济和文化联系。载着货物的商队和旅行者沿着丝绸之路安全行进，从长安到梅尔夫[2]，再从那里到地中海海岸，或者通过另一条路线到达印度。此外，汉朝与印度和东南亚国家也存在着海上贸易往来。

---

1  中亚古国大宛国所在地，出产大宛马，即汗血宝马。
2  梅尔夫古时亦称木鹿、马鲁，遗址位于今土库曼斯坦马雷以东，曾是丝绸之路重要的绿洲城市，地处交通要道。

上页图　在汉景帝（前157—前141年在位）的陵墓附近的一个坑中发现了大量陶俑，其中有些高约62厘米。本来给他们装上的胳膊是木制的，衣服是由丝绸或亚麻制成的，但如今都腐朽脱落。【西汉】

左上图　这位优雅的玉舞人，只有3.5厘米高，她的宽袖长袍在空中飘动，突出了她的弯曲线条。【西汉】

左下图　这个精美的玉铺首（附在门或棺椁上的衔环底座，用于驱邪）是某种异兽之首的形状，异兽嘴里叼着一块玉璧。它是在南越国第二个统治者赵眜（前137—前122年在位）的墓中发现的。【西汉】

右图　这件精美的玉器是赵眜墓中宝贵珍品中的一件，有些学者认为这是用来悬挂刀剑的带钩。【西汉】

　　秦始皇所开启的基础设施建设在汉朝得以很好地延续。道路网得到了延伸；三车道的主干道宽达23米，铺设的中央车道留给信使和官员使用。公元前129年，汉朝开始修建一条与渭河和黄河连通的长100多千米的运河。这些庞大的工程和技艺高超的工匠为汉朝带来了空前的经济繁荣。大量的财富积累使一个新兴强大的统治阶层诞

西汉彩绘青铜雁鱼灯展现了汉朝工匠天马行空的想象力和艺术创造力。灯的外形是一只回首衔鱼的鸿雁，鱼腹是两片弧形灯罩，能开合调节，下面的灯盘能转动。烟气从鱼腹通过雁颈导入雁腹中，腹中的水能起到净化空气的作用。【西汉】

错金银镶松石狩猎纹铜伞铤纹饰典雅，描绘了狩猎场景和许多珍禽异兽。它是马车伞盖的底座。【西汉】

生，他们会不惜一切代价维系自己的统治和特权。

汉朝早期的皇帝对意识形态并不是很重视。然而，汉武帝却认为遵守早先时代的理想和原则可以成为他权威的基础，并为他所开创的新纪元奠基。他将这个"新纪元"的年号命名为太初。儒家思想似乎是最能满足汉武帝追求统治合法性的学说，但汉武帝并没采用儒家思想的最初形式，而是采用了董仲舒结合了法家和道家等学说的理论对儒家思想做出的阐释。儒家思想因此被定义为帝国的正统思想，并且在超过 2000 年的时间里，尽管其接受情况有过波动，教义也有过多次修改，但其正统思想的地位却一直很稳固。

公元前 124 年，汉武帝设立太学，目的是为了培养新的官员。太学的教学方式以学习儒家典籍为主。它迅速成为进入朝廷和地方行政机构任职的主要渠道。第一部纪传体通史，司马迁撰写的《史记》就是在这一时期诞生的。这部不朽的著作不仅成为后世断代史写作的典范，还为汉帝国的意识形态的建立做出了巨大贡献。这一时期艺术和文学的成就也空前繁盛。

但是到了西汉后半叶，国家机构走向衰败，人民的生活水平逐渐下降。农民和小地主的负担日益加重：赋税，以及力役、兵役和各种杂役让他们不得不卖掉自己的土地。大地主们经常能够以各种方式逃避征税并扩大自己的土地，以至于政府利用各种借口来没收他们的财产。

许多贵族拥有私人军队，这对朝廷和国家构成了巨大的威胁。西汉末年，朝廷与世家大族之间的矛盾日益恶化，全国上下叛乱四起。汉元帝（前48—前33年在位）的皇后王政君的侄子王莽瞅准机会废黜了当时只有两岁的"孺子"（刘婴，6—9年在位），自立为帝，建立了短命的新朝（9—23）。

左图 执伞铜跪俑是用失蜡法制作的。失蜡法于公元前5世纪在中国推广开来，在此以前的青铜器是用模具浇铸而成的。【西汉】

右图 中国金属加工工艺的辉煌灿烂在这个错金铜博山炉中可见一斑。炉体似仙山——博山，山间有野兽、仙人出没。【西汉】

# 东汉

错银铜牛灯。灯座内产生的烟通过弧度优美的烟管，排到牛腹，腹中的水能起到净化空气的作用。【东汉】

　　尽管王莽试图解释自己的登基为上天的旨意，但在历史上他仍被看作一个篡位者，他的夺权也被视为政变。王莽开始推行一套严格的中央集权政策，旨在削弱贵族和有权势的大家族的财政特权。为此，他推行了一系列重大改革，如废除庄园和私奴，禁止买卖农田，计划重新分配土地，并且严格控制物价和生产。王莽精打细算的税收和货币政策让国库的黄金储备在短短的几年内就增至 140 吨。

　　然而，这些改革措施遭到了贵族和统治阶层的强烈反对，从而导致了王莽改革的失败。自然灾害造成的全国饥荒也加剧了经济状况的恶化。暴乱不可避免地爆发了，多是由汉朝的皇室成员挑起或领导的，军队也无力镇压。公元 23 年，都城长安发生暴乱，乱军攻入皇宫，杀死了王莽。战争一直持续到公元 25 年，身为汉朝皇室远亲的刘秀领导了一支强大的军队，并在这一年宣布光复汉室。

洛阳（今河南洛阳）被定为新都城。此后，东汉（或后汉）一词用来表示新朝代，而之前的朝代被更名为西汉（或前汉）。

西汉时期的地主豪强均支持刘秀（光武帝，25—57年在位）称帝。在此前150年一直持续的中央和地方的冲突和紧张关系开始变得缓和。中央的经济政策发生了根本性的变化。奴役农民不再被禁止，越来越多的农民失去了自己的土地，为了活命，只能被迫为大地主工作。税收制度也进行了彻底的改革。

在对外政策上，东汉朝廷针对北部境外边民采用了渐进的同化政策。在公元39年和44年，大批匈奴人被准许跨过长城进入汉朝领土生活，但已经在那片土地生活的汉人不得不去寻找新的土地。和平的景象并没有持续多久，从王莽时代起，匈奴重新控制了中亚的贸易路线。对外贸易早已成为中国经济的重要组成部分，重大利益因此受到影响。

汉明帝（57—75年在位）在其统治时期，采取了向西扩张的战略。在公元73年到102年的30年里，著名史学家班固的弟弟班超带兵发起了数次西征。在这一时期，班固和父亲班彪、妹妹班昭一起撰写了中国第一部断代体史书《汉书》。

班超为汉朝重新夺回了塔里木盆地和丝绸之路的控制权。公元97年，班超率军到达里海，他派手下的军官甘英去寻找罗

青瓷五联罐最下层是蚕，中间一层是塑的人、狗和熊，上层是鸟。熊和鸟是重要图腾。在瓷罐的上半部分，有四个表面覆盖着典型的黄绿釉料的小罐与主体相连。【东汉】

在这盏陪葬的彩陶灯上，一群神话生物骑在龙背上，在空中自由地翱翔。高高的灯柱形似树干，岿然耸立在挤满了各种动物的山形底座上。【东汉】

跨页图 汉代，官员和贵族的坟墓通常用彩绘或压印的空心画像砖装饰。几何图案常常作为背景，经常用来描绘人物、狩猎场景和神话故事。【东汉】

马帝国的统治者。当时中国对罗马帝国的了解甚微。这次任务以失败告终，甘英只到达了波斯湾或者黑海，在那里他被安息（帕提亚）人欺骗了，他们掌控着丝绸贸易，不希望两个庞大的帝国建立直接的贸易关系。班超死后，情况再度恶化，汉朝与中亚的联系再度中断。

东汉初期，经济发展态势良好。据官方数据统计，农业用地总面积可达 5000 万公顷。农具和许多家庭用具都是由铁制成，这意味着当时的铁器可以进行大批量生产。硬化钢的武器产量也有所增加。

在陶器制作方面，一种可以在低温下烧制的特殊铅釉被引入，上釉工艺总体上也得到了发展。在浙江和江西发现了大量的青瓷，这些瓷器形状美观，釉面光滑、匀称，十分精美。

从公元 89 年到 220 年东汉灭亡，其间的九任皇帝登基时都是孩童，因此，宫廷里分化出两股势力，两派在利益上存在敌对关系。一派是由皇后和她身后的强大家族为主，他们不仅在朝廷占据主导地位，而且在地方各级政府也可以安插亲属或亲信，以加强对地方的控制；另一派由宦官组成，他们大多出身卑微，因为他们常伴皇帝左右，随着皇帝对其母亲和亲戚掌权越来越不满，宦官们的影响力就越来越大。双方的争夺十分激烈，交替占据上风。

东汉的历史充满了阴谋、诡计和谋杀。这种政治上的内耗会不可避免地影响到公共事务管理水平，最明显的就是经济政策缺乏合理性。频繁的自然灾害，再加上官员的不作为，导致了全国大量的农民挨饿流浪。再加之整体人口的被动迁移和少数民族

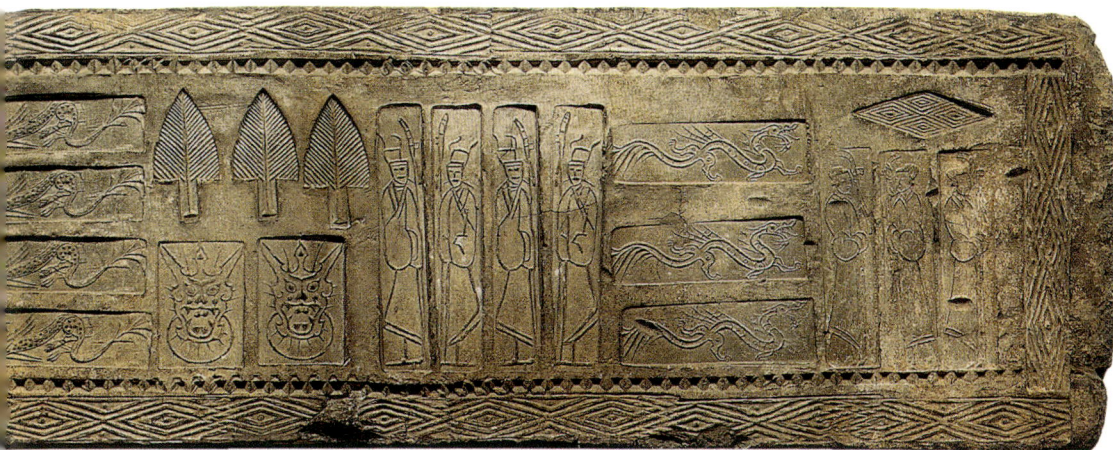

在汉帝国境内定居带来的巨大生存压力，最终造成了严重的社会危机。叛乱和暴动四处而起，其中对汉室政权威胁最大的就是黄巾军运动和被称为太平道的道教思潮。太平道主张回归到一个没有阶级差异的社会。这些叛乱最终都被血腥地镇压了。

各地军阀想尽一切办法扩张自己的实力，并且为了能够控制朝廷而互相征讨。这种混乱的无政府状态导致大量农民涌入城市，大地主们的实力越来越强，并且能自给自足，割据一方。整个帝国四分五裂，最终由三个强大的集团支配——控制着北方的曹操，占据江东的孙权，控制巴蜀的刘备。最终，汉朝在 220 年正式灭亡。

中国从青铜时代开始就使用马车了。在商代的 20 多个坟墓中都发掘出了马和车的残骸，其中一些的体积比西方使用的马车还大。在汉代的墓中经常发现一些大大小小的青铜马车模型，且常常配有驾驶马车的人。【东汉】

这个用于占卜的青铜器皿可以在磁铁的帮助下变成罗盘。方形代表着地，圆形凹面代表天池，而代表天的圆盘已经丢失，它原本镶嵌在天池中。【东汉】

# 秦汉帝国的衰落：
# 南北的分裂

这个彩绘的骑兵陶俑来自 577 年下葬的鲜卑将军娄睿之墓。他是将军的墓室护卫队的一员。【北齐】

　　公元 220 年到 589 年的时代主题就是中央集权的衰落和政治、经济、文化的分裂。这个被一些人比作欧洲"黑暗时代"（中世纪）的时期分为三个阶段：三国，两晋，南北朝。根据罗马帝国衰落后的西方世界局势，我们也可得以窥探这一时期中国社会的图景：文化的颓废，复兴帝国的理想（每个统治者都认为自己是帝国正统的传承者）。另外，外国宗教（西方世界是基督教，在中国则是佛教）的传播和发展填补了人们精神世界的空白。

与罗马帝国极为相似的另一点是，所谓的"野蛮人"先是破坏和掠夺，之后又臣服于旧帝国强大的文化，并对其进行重建。然而，与西方世界不同的是，中华帝国并没有在原来的废墟上建立起以封建制度为基础的新政体，佛教也从未主张过自己拥有独立于国家之外的权力。中国的"黑暗时代"是一个过渡阶段，从过去那个产生了许多看似不可调和矛盾的政治制度，过渡到一个本质相同，但水平更高的制度上去，并最终解决矛盾。

220 年曹操去世，他的儿子曹丕迫使汉献帝禅位给自己并建立了曹魏政权。曹丕为魏国的第一任皇帝，称魏文帝（220—226 年在位）。魏国控制着黄河流域及其北

方的领土，国都设在洛阳。身处巴蜀之地的汉室远亲刘备也在221年称帝（昭烈帝，221—223年在位），在四川成立蜀国（蜀汉），国都为成都。229年，在江东的吴王孙权自立为帝，称武帝（222—252年在位），建立了吴。吴国的领土沿着长江中下游流域延伸，其都城为建邺（今江苏南京）。三国时期就此开始。

汉帝国从此被分为三个独立的政权，每一个政权的统治者都认为自己才是汉朝的唯一合法继承者。其中魏国的实力最为强大，263年，魏元帝曹奂（260—266年在位）凭借强大的军事实力击败了蜀汉并将其吞并。他的军队主要由那些被鼓励迁入关内的"胡人"组成。

265 年，大将军司马炎的家族逐渐掌控了魏国朝政，司马炎趁势逼迫魏元帝曹奂禅让，即位为帝，称晋武帝（265—290 年在位），建立晋朝。280 年，司马炎击败了昏庸无能的吴末帝孙皓（264—280 年在位），末帝生性残忍，嗜酒如命，相比于国家大事他更对自己的 5000 名妃子感兴趣。晋吞并吴之后，大一统帝国暂时得到了重建。

为了巩固司马氏的统治地位，晋武帝将国家分为大大小小的诸侯国，并将其分封给了自己的儿子和亲戚。由此可以预见，在武帝死后，激烈的内部冲突必将爆发。无尽的战争（这证明了当时缺乏一个强有力的中央政府）严重地破坏了国家的经济结构

这个 5 世纪的木板漆画屏风上绘制着具有美德的女子。其中有才智超群的班妃班婕妤，为了不破坏男女有别的传统，她拒绝了与汉成帝（前 33—前 7 年在位）乘坐同一辆马车出游。【北魏】

这枚金印重 800 多克，出自北周时期，刻有天元皇太后的名字。金银印章的把手（印纽／印首）经常被做成动物的形状。【北周】

和社会稳定。当时大量少数民族定居在北方，且成为当时军队兵源的中坚力量。随着时间推移，军事将领的政治影响力逐步增大。304 年，氐族首领李雄在四川称王立国。匈奴首领刘渊在山西也建立了自己的政权。316 年，匈奴人刘聪废黜了西晋最后一任皇帝晋愍帝（313—316 年在位）。

304 年到 439 年这一历史时期被称为"十六国"，是一个极度混乱的时代。帝国分裂成许多短暂独立的小国家。它们没有真正的经济或者政治组织机构，而且经常由匈奴、鲜卑、羯、氐和羌等少数民族的军事将领所统治。这一时期最显著的特征就是南北的清晰分界和大规模的人口迁徙，不仅无数的人从北方大草原迁入中原地区，还有大量的人口从北方迁入南方。这种情况加速了少数民族与汉族、北方和南方之间的融合进程。

中国的南方地区由东晋（317—420）统治，东晋由西晋的皇族成员司马睿（晋元帝，317—323 年在位）建立，晋元帝选择建邺为都城，并将其更名为建康（今江苏南京）。在十六国时期，有超过 100 万北方汉人为了躲避战乱而逃至南方。一些大地主也选择了南渡，凭借他们积累的巨额财富和佣人，他们在都城周围占据了最好的土地，并且在朝廷和军队中颇具影响力。

宫廷内部的明争暗斗削弱了王朝的统治，并不可避免地导致了晋的灭亡。420 年，将军刘裕代晋称帝，建立了刘宋（420—479），但很快就灭亡了。往后便是南齐（479—502），南梁（502—557）和陈朝（557—589）——这一阶段史称"南朝"。

在这 170 年的 22 位君主中，最杰出的是梁武帝（502—549 年在位）。他是一个道德修养很高的人，支持儒家的治国理念，而且是一名虔诚的佛教徒。他提倡学习经典古籍，欢迎艺术家和知识分子进入朝廷。

虽然中国古代的史家都认为这个时期中国北方的政权不是正统，但正是北方的发展为后来建立中央集权的大一统国家铺平了道路。386 年，鲜卑族（语言属突厥语族）的拓跋部落建立了北朝的第一个朝代——北魏（386—534）。在随后的几十年里，北魏将其影响力扩大至整个北方，并发起了重大的经济和社会改革。他们通过给予农民和小地主公共土地来促进农业发展，并通过恢复中央政府对农业生产的控制来提高税收的效率。北魏的统治者意识到中原文化的优越性，开始了一项旨在促进汉族与其他民族融合（胡汉融合）的政策。493 年，北魏拓跋部在迁都洛阳之后开始接受汉文化，他们开始学习汉语，沿用中国的习俗和姓氏，并且鼓励各民族之间通婚。

佛教在东汉时期传入中国，从 4 世纪开始迅速传遍大江南北。北魏的拓跋统治者意识到了新宗教的巨大潜力，不仅可以成为种族融合的思想基础，也可以成为帝国统一的思想基础，因此将佛教立为国教。佛教的寺庙、祠堂和石窟相继建成，甘肃敦煌、山西大同、河南洛阳的佛教石窟都可以追溯到这一时期，它们以壁画、佛像的数量和质量而闻名。佛教将印度的艺术元素带入中国，中国工匠对其进行了

这个青瓷烛台外形是一个人骑在一只神兽身上，这件瓷器产于著名的浙江越窑。青瓷技术，即用一种绿色的釉覆盖整个物体的表面，就是越窑发明的。【西晋】

这种形状的青瓷罐的装饰常常做成猛禽或家禽的头的样子，轻盈明亮的釉面使整个瓷罐显得十分高雅。【西晋】

这个华丽的白玉樽上描绘了由西王母神统治的天宫，天宫里居住着神仙、带翼的怪兽和神话动物。【西晋】

吸收、化用，为中国的艺术表达注入了新活力。

北魏政府推行的汉化政策引起了鲜卑贵族的不满，在一段相对稳定的时期之后，又出现了一段动荡时期，直到589年动荡才结束。535年，北魏分裂成西魏（535—556，都城为长安）和东魏（534—550，都城为邺）。西魏政权偏向保守，旨在恢复以前的拓跋制度，而东魏则继续鼓励汉化进程。550年，汉人将军之子高洋建立的北齐（550—577）取代了东魏，而由鲜卑将军之子的宇文觉建立的北周（557—581）则取代了西魏。随后北周征服了北齐，统一了整个黄河流域。

581年，北方武士世家的后裔杨坚推翻了周朝的最后一任统治者，自立为帝，建立隋朝（581—618），并于583年定都长安。在与生活在东北的境外民族签订和平协议之后，杨坚开始了统一南北的宏图大业。588年，杨坚开始进攻南陈，这是南方最后一个独立的政权。杨坚散发了30多万份讨伐檄文，将陈后主陈叔宝（582—589年在位）的滔滔罪行昭告天下，希望南陈的人民起义，推翻陈后主的统治。杨坚几乎没有遭遇任何有效的抵抗就赢得了战争。589年，中国历经了370个春秋更迭之后，大一统帝国终于再次在这片土地上建立起来。

这件花尊表面覆盖着青色或棕色釉料。这种花尊往往体积都很大，表面装饰着花卉、动物和圆形的纹饰，是典型的6世纪瓷器工艺。【北齐】

# 辉煌的隋唐帝国

北魏和北朝时期的官僚政治、经济和军事组织的逐步强大促进了南北朝的统一，为大一统帝国的形成铺平了道路。经过几个世纪的分裂，隋朝（581—618）虽然无法巩固自己的霸权，但它却为唐朝（618—907）的辉煌帝国打下了基础，就像8个世纪以前的秦朝为汉朝的辉煌所做的贡献一样。一个西北地区新兴的胡汉混血贵族阶层在几个世纪以来的分裂中形成[1]，他们以远见卓识策划了统一大业。杰出的将领和精明的统治者在隋唐时期不断涌现出来。在他们的治理下，国家的领土和经济都达到了前所未有的巅峰，中国成为亚洲最强盛的国家。

在这一时期，中国文化对其邻国产生了深远的影响，尤其是对日本和朝鲜。正是由于中国的支持，新罗才得以在如今的朝鲜半岛和满洲地区建立起自己的国家。隋唐时期，许多宗教都在中国兴旺发展，不仅有道教等本土宗教，也有佛教、摩尼教、琐罗亚斯德教（或称拜火教、祆教）、基督教景教和伊斯兰教等外来宗教。不同皇帝对这些外国宗教的接受程度各有不同，有时还会残忍血腥地镇压他们。佛教作为中国最为盛行的宗教，在这一时期的发展也迎来了高峰。许多印度僧人来到中国传播宗教，玄奘（600—664）、义净（635—713）等中国僧人也走遍中亚、印度和东南亚其他国家，寻找宗教典籍带回中国翻译。佛教在这一时期迅速融入了中华文化，并发展形成了新的形式，后来又将这种新形式传播到国外。宗教对文化和艺术的影响是巨大的，雕塑的灵感几乎完全由宗教启发，宗教题材的绘画也得到了长足的发展，这些艺术品在帝国的石窟和寺庙中随处可见。

---

1 　应指关陇集团，即北魏之后以陕西关中和甘肃陇山地区为势力范围的军事贵族和豪强地主。隋唐的开国皇帝都出自这个集团。

骆驼是中亚商人在丝绸之路上通行的主要交通工具。骑在骆驼上的这名女子是胡人，他们是居住在唐西边的中亚民族。【唐】

金银奢侈品的制造在唐朝达到了顶峰，部分原因是受到其他国家的影响，特别是从波斯引进的新技术的推动。【唐】

这个华丽的银鎏金錾（zàn）刻葵口碗展现了波斯金匠对中国的影响，其打造工艺和花卉的造型全都源于波斯。錾刻一般指将金属锤薄后，用錾子錾出浮雕、纹饰的工艺。【唐】

　　尤其是受到以丝绸、织锦和珠宝为主的贸易的刺激，手工业在这一时期得以蓬勃发展。陶瓷工艺在这一时期也迎来了新的突破，瓷器变得更加精美漂亮，最具代表性的就是呈白色的邢瓷和精美的越窑青瓷（越瓷）。

　　唐朝有两项重大发明：雕版印刷术和火药。印刷术起源于古代对印章的使用和在纸上拓印石刻或金属铭文的技术。佛教的传教需求很大程度上推动了印刷术的发展，因为印刷术可以让佛教图像和经书大批量生产。雕版印刷术可以追溯到 8 世纪初，活字印刷术是在 11 世纪中期开始使用的。已知的第一部完整的印刷文本是《金刚经》，由鸠摩罗什在 5 世纪初翻译成中文，并于 868 年印刷。它和数千份手稿一起发现于敦煌一间被墙封住的藏经洞里。

　　唐代的文学和艺术作品达到了新的高峰，这一时期涌现出大量杰出的诗人，如王维（701—761）、李白（701—762）、杜甫（712—770）、白居易（772—846）和韩愈（768—824）。大量的诗歌被创作出来，其中一些成为传世的经典之作。1707 年刊刻的《全唐诗》就收录了 5 万首诗歌。

# 隋

隋文帝杨坚（581—604 年在位）的统一大业从 581 年开始，至 589 年吞并南陈而最终完成，其间在一些地区遇到了相当大的阻力。隋帝国权力的强制推行引起了激烈反抗，尤其是在中国南方地区。隋文帝的儿子杨广（之后的隋炀帝）恢复了这些地区的法律和秩序。杨广被任命为江都（今江苏扬州）总管，在他父亲摧毁了古都建康（又称建邺）之后，他一手建立起江都城。杨广在江都大力促进文化和艺术的发展，鼓励学习儒家经典和宣扬道家思想，并且他还和佛教徒建立了良好的联系。虽然在历史上隋炀帝被书写成一个性格古怪的暴君，但在巩固帝国的统一方面还是做出了很杰出的贡献。

隋文帝是个老练精明的政治家，他任命了许多优秀能干的大臣和顾问来帮他推行土地和税收改革；他完善了北魏时期开始实行的均田制，并推广到整个帝国；他还调整了官员的选拔制度，引入一些措施帮助南方的考生。隋文帝开展了一系列庞大的公共工程的建造，如重建首都长安、加固长城和建造巨大的水利灌溉设施。超过 2000 千米的运河将通航的水道连接起来，形成了一个巨大的网络，将潮湿肥沃

隋朝雕塑的独特风格在这尊鎏金石立佛身上得到了充分体现。其表面光滑，线条柔美，衣装服饰简洁大方。【隋】

这个质朴而精致的杯子由黄金和白玉打造而成，象征着财富与智慧的完美结合。【隋】

的南部田野与干旱的北部平原连接起来。隋文帝最具雄心的工程是京杭大运河的建设，起修于洛阳，南至杭州，北至北京，这项庞大的工程在隋文帝死后由他的儿子隋炀帝继续修建完成。

隋炀帝（604—618 年在位）即位后继续推行文帝的政策，但他没有文帝简朴、克制的品格，而且他的心思也不像文帝那样全部放在国家大业上。隋炀帝骄奢淫逸，而且狂妄自大。传统上一般将隋朝的衰亡都归咎于隋炀帝的铺张浪费。他动用了近 200 万人去修建陪都洛阳，这座城市极其奢华，光是御花园的占地面积就达 155 平方千米。

隋炀帝还建造了一个庞大的船队供他和整个朝廷在京杭大运河上出游享乐。隋炀

右图 佛陀半夜离家踏上了寻找灵魂的旅途，小妖魔帮助他抬起马蹄。（莫高窟第 178 窟）【隋】

跨页图 这幅壁画上半部分描绘的是萨埵（duǒ）太子本生故事画（佛本生故事），下半部分是《福田经变》图，都出自《佛本生经》。《佛本生经》是释迦牟尼佛转世为王子之前的故事。（莫高窟第 302 窟）【隋】

帝的龙舟有四层，上有一置御座的房间，以及 120 间装潢奢华的房间供他和他的妃子们居住。船上包括皇室成员、大臣、大使、僧侣、卫兵、乐师和仆人等 8 万多人。

隋炀帝对于征伐高句丽（领土包括现代的朝鲜和部分中国东北地区）的固执也是隋灭亡的主要原因之一。612 年至 614 年间，隋炀帝对高句丽发动了三次讨伐，但均以惨败告终。617 年，一个从北魏开始定居中原的混血世家的后代——李渊（后来的唐高祖）趁农民起义和宫廷内部的混乱，夺取了隋朝西都长安。隋炀帝被迫逃往江都，并让位给自己的孙子隋恭帝（617—618 年在位）。618 年，李渊攻占洛阳，迫使恭帝禅位给自己，国号为唐，至此隋朝灭亡。

# 唐

马是唐朝工匠们最喜爱的题材
之一：这匹马和骑手都是用"唐
三彩"技术制作而成的。【唐】

　　要实现帝国的完全统一还需要时间。618 年，唐高祖李渊（618—626 年在位）即位时，国内有大大小小 200 多股叛军乱党。它们的军事实力一般都很强大，其中有些统领至少在名义上是隋朝皇室，而且还控制着大片区域。在次子李世民的帮助下，高祖在六年的时间里平息了叛乱，打败了敌人，恢复了和平。626 年，李世民除掉真正的继位者太子李建成，逼迫父亲将皇位传给自己。从此，中国历史上最伟大的皇帝之一——唐太宗李世民（626—649 年在位）开始了他的统治。

　　唐太宗的修养德行很高，自幼接受儒家经典教育，还是一位出色的书法家。他唯才是举，身边有很多杰出的大臣。身为军事和外交能力出众的成熟政治家，他建立了一个以儒家思想为基础的政府。唐太宗不像高祖那样限制百姓的信仰自由，他让道教道士在朝廷中身兼要职，并赞助玄奘西游天竺带佛经回国翻译。在他统治时期"三教"（儒教、道教、佛教）成为大唐意识形态的基石。

政治上，唐太宗继续沿用上层政府组织的三分结构。中书省负责起草官方文件和诏书，集贤殿书院（搜聚、修撰、校理群书的图书典藏机构）和史馆（负责编撰历史）受其控制；门下省负责审阅检查中书省拟定的文书，并领导弘文馆（负责校理图书，教授贵族子弟）；尚书省控制六部，负责执行决议。三省的长官和其他皇帝任命的官员每天都需上朝和皇帝商讨国策。

在唐太宗的统治下，中国再度成为一个强大的国家。唐帝国在击败东突厥后，将现今的内蒙古自治区并入版图，作为宗教和贸易中心的塔里木盆地也重新回到了中国的控制之下，对丝绸之路的控制也延续到了今吉尔吉斯斯坦地区。为了与吐蕃建立外交关系，唐太宗在 641 年将文成公主许配给了吐蕃的统治者。只有高句丽在唐太宗的扩张计划中未受影响。唐朝的实力和威望达到了新的高峰，中华文化对周边国家产生了强大的影响。都城长安里居住着成千上万的外国人士，是当时无与伦比的国际大都市。

国家领土的快速扩展也伴随着惊人的贸易和经济发展。隋朝的土地分配和税收制度得到沿袭，并进行了一些改进。新的工具和技术的引进也使手工业和农业得到了发展。交通路线不断完善，货物运输更加快捷安全，主要路线附近修建了可储存数百吨粮食的地下粮仓。

在长安和京杭大运河沿线的主要城市，如洛阳和杭州，都修建了巨大的市场。这些市场不仅给国内商贩进行交易，也有许多来自亚洲各国的商人来这里做贸易。根据史料记载，估计有 4000 户来自西域的人（主要是阿拉伯人、波斯人、突厥人、印度人、回鹘人、粟特人和吐火罗人）在长安西市居住和工作。

唐太宗于 649 年去世，他的儿子唐高宗李治（649—683 年在位）即位。高宗是个性格懦弱的年轻人，没有什么领导才能，在政策上他继续沿用唐太宗的理念没有进行创新。655 年，他的一位妃子武曌（即后来的武则天）被立为皇后。皇后之位是武曌用尽阴谋诡计夺来的：她先是诬告当时的王皇后谋反，导致高宗将其废掉并立武曌为皇后，后来王皇后被武曌谋杀。

武曌是中国历史上最受关注，也最受争议的女人之一。她出生在一个与高祖有关系的显赫家庭，曾是太宗的才人（宫廷女官的一种，兼为嫔御）之一。唐太宗死后，

左图 唐代的审美偏爱色彩鲜艳、放松的面颊，丰满的身材，宽松飘逸的服装以及柔软精致的发型。这一对宫廷侍从，一男一女，完美地贴合了这些追求。【唐】

右图 仕女俑常常呈现站立的姿态，她们的头发梳在颈后或在头顶盘成发髻，优雅的衣服轻柔地垂到脚下。【唐】

遵照传统习俗，武曌要遁入空门。但是此前唐高宗爱上了武曌，设法将她与寺庙脱离，并将其纳入后宫。武曌野心勃勃，意志坚定，她以高明的手段策划了一个个宫廷阴谋。在短短几年时间里，她消除了自己私人和政治上的敌人并让忠诚于她的人取而代之。武曌权倾朝野 50 余年，直到 705 年去世。

684 年唐高宗逝世，唐中宗李哲（后改名李显，684 年和 705—710 年在位）即位，但唐中宗受其妻子韦皇后摆布，不易控制，武曌便将唐中宗废黜，另立了他的弟弟唐睿宗李旦为帝（684—690 年和 710—712 年在位）。

唐中宗被废黜引起了百姓和贵族的强烈不满。扬州爆发了起义，但很快就被血腥地镇压了。12 个皇族支系被诛杀，还有大量被怀疑是同党或者谋反的官员和权贵也

这座鎏金的银菩萨像是唐懿宗于 871 年送给法门寺的礼物，它很可能是被设计出来盛装一件圣遗物——佛指骨舍利。刻着皇帝祷文的铭牌被放置在一个荷叶形状的小托盘上。【唐】

这个镂空的银制香炉既美观又实用，其工作原理近似于陀螺仪。下半球的内部有一个焚香盂（盛香的器皿）与两个同心环相连，同心环和香盂通过万向轴围绕各自的轴旋转，因此香盂总是保持水平位置，从而防止香溢出。【唐】

在宴会上，宾客们往往会用酒桌游戏来活跃气氛。其中一个游戏就是从上面这个类似蜡烛形状的筒中抽取银筹（共 50 个）。酒令筹的令辞上半部分为《论语》的语句，下半部分注明了饮酒的规定。【唐】

难逃一死。恐怖的统治开始了，并导致了 686 年的一系列屠杀和清洗。690 年，武曌再也不能控制自己的野心，唐睿宗也被她废黜。中国历史上第一次也是唯一一次正式出现了女性皇帝，她以武则天（690—705 年在位）为名，并建立了一个新朝代，国号为周。

武则天死后唐中宗夺回了皇位，710 年中宗去世后（一说被他的妻子毒死）由他

左图 中国的铜镜制作工艺可以追溯到公元前 2 千纪末。镜子的正面因反光而显得明亮，背面装饰着图案和神话场景。有些镜子上刻着短诗或吉语。这面镜子的装饰围绕一个中央穿孔的圆钮展开，这个圆钮使镜子可以挂在腰带上。小镜子主要用于化妆，有时也用于军事装备。【唐】

右图和下页图 这件八瓣菱花银壳鎏金铜镜中间钮部有一只鬃毛浓密的瑞兽，呈仆伏状，在它周围的是一些穿行于枝叶间的鸟兽和凤凰。【唐】

懦弱无能的弟弟唐睿宗继位。睿宗继位近两年后他就传位给了自己的儿子唐玄宗李隆基（712—756 年在位），玄宗是唐朝统治时期最长的一任皇帝。

唐玄宗成长于宫廷斗争中，他即位之后的第一件事就是将武则天重用的大臣和官员铲除，并且竭力不让宦官和外戚干政。唐玄宗选拔大臣只论功绩而不看氏族出身，为了加强对京畿以外地方的控制力，他还创立了一套中央和地方官员轮换迁调的制度。

唐玄宗命人制定了更多人性化的法律，并下令要公正执法。他通过完善科举制度，促进了新的统治阶级的形成，使有才能的人得以涌现。玄宗还是出色的诗人、画家和书法家。他对知识分子敞开大门，欢迎他们进入朝廷，提倡艺术，欢迎新思想。

唐玄宗是中国史家最尊敬的皇帝之一，他们称他为明皇，对他，尤其是他早期的功绩赞叹不止。玄宗和杨贵妃的爱情被编成无数的诗歌和民谣传颂，同时也是民间通俗小说最喜欢的题材之一。

杨贵妃出生于四川，是唐玄宗儿子李瑁的妻子。玄宗想把她占为己有，设法让她离开李瑁，并在 745 年将她假扮成道姑带入皇宫。从一开始，杨贵妃对唐玄宗和整个朝廷就造成了不好的影响。短短几年内，杨贵妃的家族就步步高升，逐渐掌握大权。

上页图 这个石雕的全副武装的士兵是一个军官的随从，所以除了自己的武器（剑、马刀、弓、箭）之外，他还携带他的长官的武器。【唐】

左图 这个八棱状白瓷来通杯上的狮首和前腿的基本特点暗示着它是基于某种金属（可能是银）模型而制成的。来通杯是一种底端开口的酒器，由中亚地区传入。【唐】

752 年，在国家正受外部威胁的危难时刻，没有治国领兵经验的杨国忠（贵妃的堂兄）被任命为右相和文部尚书，兼任剑南节度使。

此前一年，阿拉伯帝国军队向东推进，并和安西都护府的军队在怛罗斯开战，唐军战败，此前受大唐保护的中亚地区被攻占。最终唐朝失去了对塔里木盆地和丝绸之路沿线定居点的军事控制，也失去了中亚商路的霸权。

在东北地区，契丹人击败了由安禄山指挥的 20 万大军。安禄山是粟特人，受到皇室保护并且是杨贵妃的养子。在西南，唐军在和南诏军队的战争中遭遇惨败，南诏是大唐支持在云南地区建立起来的国家，目的是为了对抗日益强大的吐蕃。

岌岌可危的政治和军事状况对国家财政也产生了影响。国家的财政被越来越多的皇族榨干（玄宗有 59 个孩子，而他的四儿子有 55 个孩子，六儿子有 58 个）。755 年，因杨国忠指控安禄山谋反，安禄山被迫起兵造反，自立为帝，建国大燕，但这个朝代并未被史学家们认可，所以没有被载入史册。

安禄山率领 15 万大军南下，将开封夷为平地，攻占东都洛阳，一路势不可当，剑指长安。唐玄宗、杨贵妃、杨国忠和一些官员连夜出逃长安，前往四川。在路上他们被吐蕃的军队阻截，随行士兵发生了哗变。他们杀死了杨国忠，并认为杨贵妃是红颜祸水，祸国殃民，逼迫玄宗将杨贵妃处死。无奈之下，唐玄宗含泪命宦官用绸缎将杨贵妃勒死。与此同时，唐肃宗李亨（756—762 年在位）在朔方宣布登基，几个月后，长安和洛阳重新回到唐朝的控制之下。

藩镇实力的日益增大削弱了皇权。唐肃宗之后的 13 任皇帝都在力图恢复中央的权

下页图 这些宫廷妇女的发型设计精致，她们身着带有金色花纹的优雅服装，宽大的双袖沿着腰身轻轻垂下，莲花状的鞋尖向上卷曲，她们挺直的后背和高傲的举止都表明其血统的高贵。【唐】

威，但他们的计划全被宦官的干涉和不稳定的国家财政给打破了。没有一个能长久统治的皇帝，他们有的人不问朝政，转而在宗教中寻求解脱。佛教在这一时期逐渐获得权力、财富和特权，并在政治方面产生自己的影响力，对国家造成严重威胁。

845 年，唐武宗（840—846 年在位）是一位狂热的道教信徒，且一心追求长生不老。他下令拆毁佛教的寺庙，没收佛教土地，驱逐流放了约 20 万曾享有免税权的佛教僧人和尼姑。超过 4600 所寺院和 4 万昭提、兰若（民间私造的寺院和静修之所）被拆毁，虽然佛教遭受了沉重的打击，但这也不足以恢复皇帝的威望，唐朝的颓败无法避免。

安禄山的叛变成为唐朝由盛转衰的拐点。754 年，登记在册的成年人口为 5300 万，但到 774 年下降至 1700 万。763 年，已经攻占了塔里木盆地的吐蕃军队攻入长安，直到 777 年长安才重回大唐的控制下。即使汉族重新夺回了长安的控制权，吐蕃军队依然持续不断地攻进这个地区。

唐朝最后一个维护国家大一统的伟大皇帝是唐宪宗李纯（805—820 年在位）。他通过一系列的行政和经济改革以及一些成功的军事行动，恢复了社会秩序和大唐的威望。820 年，宪宗被宦官谋杀，此后的一段时间国家相对稳定，但形势很快又恶化了。

唐朝最后的三位皇帝，唐僖宗（873—888 年在位）、唐昭宗（888—904 年在位）和唐昭宣帝（904—907 年在位，又称哀帝）都是军阀和宦官的傀儡。875 年，河南发生严重旱灾，民众揭竿起义。879 年，叛军到达广州，屠杀了居住在那里的 20 万外国人中的 12 万人，主要是阿拉伯人、印度人、波斯人、占人、高棉人、僧伽罗人和爪哇人[1]。880 年，叛军占领了长安，迫使皇帝逃往四川避难。

904 年，曾在唐朝任职的叛军首领朱温杀死全体宦官，处死唐昭宗，拥立昭宣帝继位。907 年，朱温篡唐自立，建立后梁，至此唐朝灭亡。从此，中国进入了另一个动荡不堪的大分裂时代。

---

1 占人主要分布在柬埔寨和越南，高棉人、僧伽罗人和爪哇人分别是柬埔寨、斯里兰卡和印度尼西亚的主体民族。

在汉代丧葬图像中，狩猎场景和成队的骑士出现次数最为频繁。长长的车队暗示着这位死者位高权重，可能是一位高级官员。在图像的一角有一只乌鸦（三足乌），代表太阳。传说曾有 10 只三足乌在天空飞翔，它们产生的热量足以毁灭全人类。后羿拿着一把威力强大的弓，射杀了其中的 9 只，从而使世界免于毁灭。【东汉】

唐代贵族妇女最时兴摆弄发髻。不论是将头发编成辫子或者散开，发髻总是高高地立在头顶，向前或者侧面倾斜，有时也会在后颈。女人们偶尔还会在发髻上戴上精致的头饰或鎏金的头冠加以装饰。【唐】

# 不同时期的中华文明

## 史前时期

  中国最早一批智人出现在约 4 万年前，元谋人（化石遗迹可追溯到 170 万—160 万年前），蓝田人（可追溯至 70 万—65 万年前）和北京人（最久远的定居点遗址可追溯至 50 万—40 万年前）都是中国智人的祖先。从公元前 10 千纪或公元前 11 千纪起，游猎的狩猎采集者和渔民开始从事农业、畜牧业和陶器制作，并建立了第一批定居的村庄。在中国广袤的区域内涌现出许多新石器时代的文化中心。由于贸易网的存在，这些聚落之间开始逐渐共享知识与发现。北方的主要农作物为黍类作物，在南方则是水稻。水稻可能早在公元前 7 世纪就开始种植了。许多坟墓里都有陪葬品，除了石器外，还发现了工艺水平很高的玉器。金属加工开始于大约公元前 3 千纪末，材料起先是铜、金、银，后来是青铜。

旧石器时代
（前 170 万—前 8500）
新石器时代
（前 8500—前 1700）
兴隆洼、新乐、红山文化
（前 8500—前 2000）
磁山—裴李岗、仰韶、大汶口、大溪、龙山文化
（前 6500—前 2000）
马家浜、河姆渡、青莲岗、良渚文化
（前 5000—前 2200）
大坌坑、石峡文化
（前 5000—前 2480）

## 青铜时代早期

  传统上认为，中国的第一个王国是由夏朝建立的，夏朝的统治时间为公元前 2070 年至公元前 1600 年。夏朝由 17 位君王相继掌权，保证了朝代的延续，其间历经 9 次迁都。二里头发掘出一座城市地基遗址，根据研究，公元前 2010 年到公元前 1324 年之间有人在此居住。矗立在城市中央的巨大宫殿似乎也证明着夏朝的存在不仅仅在传说中。二里头精美的陪葬品表明了一个阶级社会的存在，政治权力与宗教权力合而为一，通过青铜礼器来证明其合法性。二里头的青铜器是在中国发现的首批青铜器。夏朝的衰落与商朝的兴起相接应。商朝是一个以萨满祭祀为首领的社会，最高首领统治着一个氏族联盟。这些氏族联盟的组织结构反映了一种复杂的亲属制度。考古发掘证实了这个朝代的真实存在，并在二里岗和安阳发现了两座都城。商朝在冶金方面取得的巨大进步促进了青铜礼器的大规模生产，而朝廷系统且有规律地进行的占卜活动推进了文字方面的重大发展。这一时期有实行人殉、人祭的习俗。

夏朝（前 21 世纪—前 17 世纪）：
二里头文化（前 1700—前 1500）
商朝（前 16 世纪—前 11 世纪）：
二里岗文化（早商文化）
（前 1600—前 1300）
殷墟文化（晚商文化）
（前 1300—前 1046）

## 青铜时代末期

  周人居住在商朝西部地区。公元前 1046 年，周武王领导了一支强大的军队与商朝军队在牧野爆发战争。周在这场史诗级战役中击败了商朝，结束了商朝在中原近 6 个世纪的统治。在周朝的统治下，萨满祭司失去了地位，取而代之的是血亲制度，其在权力分配中扮演着重要的地位。在长达 8 个世纪的周朝统治期间，农业取得了巨大的进步。公元前 8 世纪，周朝逐渐衰弱，公元前 771 年，蛮族犬戎部落将周朝驱逐出都城镐，迫使他们迁往洛邑。在洛邑，他们保持着宗教权威，但没有任何政治权力，这一状况一直持续到公元前 221 年。这个王国分裂成无数诸侯国，它们不断地互相争斗。这一情况对于地处边缘的诸侯国十分有利，它们远离纷争不断的中原地区，所受的影响要小得多。战国时期，七个国家（齐、楚、秦、燕、赵、魏、韩）争夺霸权。尽管消耗了大量的资源，战争的需求实际上促进了王国内部的政治和技术进步，尤其是冶金领域，这反过来又极大地造福了农业。在这一时期，各国修建了宏伟的城墙用做御敌，并且兴修了许多重大的水利工程用于农业灌溉。公元前 221 年，在杰出的军事家秦王嬴政的统领下，秦国击败了所有对手，建立了统一的帝国。

西周（前 1046—前 771）
东周（前 770—前 256）：
 春秋时期（前 770—前 476）
 战国时期（前 475—前 221）

## 秦汉帝国

秦始皇，秦朝的第一位皇帝，他力图将秦国之前实行的法律和规范推行到被他征服的地区。他将帝国的领土划分为郡和县，并引入了有利于中央集权和限制贵族特权的行政结构。他统一了文字、货币、度量衡和车道，并颁布了一部法典，这部法典在20多个世纪里一直是中国立法的基础。他开始建造巨大的工程，这些工程将在中国历史上留下印记，比如他的陵墓，由数千名全副武装的兵马俑保护着，长城蜿蜒盘绕超过5000千米，以及庞大的道路和河流网络的建设，使得人员和货物的流动更加迅速。他于公元前210年去世，他的继位者无人能应对周边的侵扰、内部的叛乱以及巨大工程带来的经济危机。公元前206年，出身贫寒的刘邦与贵族出身的项羽所领导的起义结束了秦朝的统治。尽管秦朝统治时间很短，但它为下一个强大、有序、经济与社会急剧发展的帝国打下了基础。

**秦朝**（前221—前206）

## 早期帝国的辉煌

刘邦成为汉朝第一位皇帝。他在长安建都，并分封了七位诸侯王，以作为他们支持起义的奖励。诸侯王的特权被他的继任者废除，以加强中央权力。在西汉12位皇帝中，最伟大的莫过于汉武帝。他在位54年，在他统治期间，帝国获得巨大的发展。重大的改革和土木工程建设创造了巨额财富。帝国的疆界向四面八方扩张，中国的影响力也延伸到了丝绸之路沿线的西域地区，这促进了不同文化之间的贸易与交流。在这一时期艺术和科学也发展起来。然而，在王朝的后半段，大地主的逐渐扩张使百姓变得贫困。王莽于公元9年夺取政权，建立了短暂的新朝。他废除了土地私制，把土地重新分配给农民。几年后的公元25年，汉朝被汉朝皇室成员刘秀复辟。他在洛阳建立了都城，并重新采用了有利于贵族的政策。东汉自建立就一直试图恢复西汉时的强大，但稳定与经济、社会危机交替出现。公元89年到220年期间，皇帝继位的时候都十分年幼。宫中宦官与太后的利益集团之间爆发的血腥权力斗争，引发了暴动和军事镇压，导致了帝国的解体。

**西汉**（前206—公元9）
**新朝**（公元9—24）
**东汉**（25—220）

## 分裂时期

汉朝于220年灭亡，随后的时代经历了长期的衰落和帝国组织的瓦解，造成了严重的经济和社会后果。随后便是三国（魏、蜀、吴）鼎立的时代。280年司马炎篡魏夺权，建立了西晋，并维持了短暂的统一。持续不断的战争使居住在帝国西部和北部边界的半游牧民族得以渗透，他们的将领试图征服且统治中原。304年到439年的十六国时期，中国领土四分五裂，匈奴和鲜卑等民族的军事将领势力崛起。越来越多的人口从中国北方的大草原涌入，导致汉族人口不得不向南方迁徙。而这一时期在南方建立的政权并没有巩固自身的政治和军事实力。自汉朝传入中国的佛教，在这一时期大受欢迎，尤其是受到那些刚刚南迁的人们的青睐，因此佛教在这一时期得到了长足发展。

**三国时期**（220—280）：
 魏国（220—265）
 蜀汉（221—263）
 吴国（222—280）
**西晋**（265—317）
**东晋**（317—420）

## 南北朝时期

到 5 世纪，胡汉融合以及南北地区之间的融合已经成为一个既成事实，这在一定程度上得益于佛教的迅速传播。第一个石窟寺庙就来自这个时期。鲜卑族拓跋部立足山西，建立北魏，并逐渐将势力扩展到整个中国北方，吸收了当地的风俗习惯。土地被重新分配给农民，中央管理得到加强。493 年迁都洛阳后，政府鼓励鲜卑人接受汉族风俗。一些贵族拒绝支持这一政策而造反，结束了一段相对稳定的时期。535 年，北魏分裂为西魏和东魏，西魏试图恢复鲜卑习俗，东魏则倾向于汉化。西魏之后被北周取代，北周又被来自北方强大武士家族的杨坚推翻。他在一次成功的军事战役中征服了南方，重新统一了帝国，建立了隋朝。

北朝（386—581）：
　北魏（386—534）
　西魏（535—556）
　东魏（534—550）
　北周（557—581）
　北齐（550—577）
南朝（420—589）：
　刘宋（420—479）
　南齐（479—502）
　南梁（502—557）
　南陈（557—589）

## 隋唐帝国的复兴与辉煌

隋朝推动了农业和税制改革，并开展了重大的灌溉工程计划，从而开始了帝国的重建工作。然而，一些失败的军事行动和过分奢侈的宫廷生活导致了它的衰落。紧随其后的是唐朝，唐朝共被 21 位皇帝先后统治。其中唐太宗政治能力超群，他开明地允许佛、儒、道自由传播。他完善了行政管理体制，促进了贸易和经济发展，扩大了帝国的疆域，对周围的民族产生了巨大的影响。在他的统治下，这个帝国恢复了昔日的辉煌。都城长安变成了一座宏伟的城市，人口超过 200 万。唐太宗死后，武曌（武则天）废黜了自己的儿子，成为中国历史上唯一一位女皇帝。武则天之后的继任者包括唐玄宗，他加强了中央集权，优化了官僚体制使其行政效率提高，并鼓励对文化、公民和宗教宽容。然而，这些开明政策并没有阻止一些军事上的失败，这限制了中国在中亚和丝绸之路沿线的影响力。中央的权利逐渐削弱，而造成这一结果的便是各地方的藩镇。在宗教迫害时期，数千佛教寺院被破坏，田产充公。尽管在唐宣宗时有短暂的复兴，但王朝的衰落是不可避免的，反叛和暴乱不断爆发。末代唐朝皇帝哀帝于 907 年被废黜，唐朝灭亡。

隋朝（581—618）
唐朝（618—907）

# 中国古代文明与文化

这件别具一格的彩陶俑是一名戏伶，或是一名乐伎。他的短上衣前面贴了一片金箔，夸张的（鹦鹉）头饰和浓密的假胡子是用来为他们的表演增加异国情调的道具。【唐】

# 宗教

　　曾去过"中央之国"传播福音的耶稣会士回到西方时，向西方人传达了他们对中国的印象：这片土地上没有虔诚的宗教信徒，但他们的统治者是英明睿智的哲学家。他们完全误导了西方人，因为他们忽视了自远古时期以来生活在中国大地的人就对宗教充满热情。从中国最早的人类聚落的遗迹中发掘出的物品和图画都与神明信仰和灵界有着强烈的联系。

　　通过新石器时代的下葬方式可以发现，那时就已经存在着一套复杂的信仰、仪式和典礼系统。工具和盛满酒水、食物的器皿和死者一同下葬，以满足他在死后世界的需求。从最豪华的墓葬中发现的物品表明当时的人们相信有一个和现世平行的世界存在，在那里生活着神明与灵魂。墓主的身边放着大量的玉器、珠宝，上面往往装饰着人面和兽首的形象，其目的很有可能是保护死者不受邪灵的侵扰。在辽宁的东山嘴和牛河梁发现的神庙中有证据证明，当时的政治权力和萨满仪式有很大的关联。

　　从石器时代开始，庞大的血缘关系网就组成了一种亲属制度，保证了统治氏族内部的强大凝聚力。对权力的争夺和为维护权力而产生的物资需求都在推动着社会发展。政治权力与宗教权力完美地结合起来，前者从属于后者衍生出来的萨满权力。商朝的政府形式在这方面就是典型：严格遵守亲属制度的规定，并将政治特权与宗教职责紧密联系起来。在这种体系背后潜藏了一种信念，即人们在生活中的行为和思想都要遵从神明和先祖灵魂的指导，而那些能够与神明和先祖交流的人就被赋予了统治的权力。君王、大臣和大多数官员都来自萨满祭司阶层，统治者既是政治和军事的最高统领，也是宗教的最高权威。

　　宫廷生活是围绕着这种强大的宗教信仰组织起来的，包括各种复杂的祭祀仪式，这些复杂的仪式以君王和萨满所拥有的神奇力量（德）为基础。萨满是唯一能够与神界沟通的人，神界不仅居住着祖先的英灵，还有大自然的神明（黄河神、山神、雨神、风神、太

红山文化女神像由陶土制成，没有经过烧制，双眼镶嵌玉片。在内蒙古赤峰市牛河梁的宗教建筑群中有一个非常重要的神庙就是为了供奉她而建立的。牛河梁遗址是公元前 4 千纪至公元前 3 千纪居住在东北沿海的人们的重要的宗教祭祀场地。【红山】

在中国古代，战争既有政治意义，也有宗教意义。士兵们将可怕的青铜面具绑在马和战车上来吓唬敌人和祈求神的保佑。【西周】

阳神、月神等等），除此之外，还有其他一些受人尊敬的灵魂和地方习俗里的英雄人物。先祖的灵魂是与最高神——帝（或上帝）——沟通的媒介，帝很有可能是某王族的图腾形象或最高祖先。被商人尊为至高神的帝在许多方面都与周的最高神——天——相似。周在商的西边，沿渭河流域而居。

早期的社会生活在很大程度上是围绕宗教仪式展开的，而仪式的执行需要了解非常复杂的仪式程序并使用一系列器具、用品。这些器具、用品大多由玉和青铜制成。因此，用这些材料通过不断进步的技术大规模生产出来的器物都与宗教活动密切相关。

在这方面，中国新石器时代和青铜时代早期的艺术可以被视为对统治阶级和神界关系的展现。萨满活动不过是一种统治工具，而举行萨满仪式是统治阶级及其所

在三星堆发现的青铜面具和头像可能是萨满用来与祖先的灵魂交流的。通过仪式，祖先的灵魂暂时回到现世并附着在这些器具上，从而使他们成为信徒崇拜的神圣存在。【公元前 12 世纪】

属氏族的特权。占卜是十分重要的仪式，因为任何国家大事都要通过萨满与神界沟通后才会做出决策。向神明提出的问题被刻在兽骨或者龟壳上，再将其高温加热，加热后骨头或者龟壳产生的裂痕就是神明给出的答案，这些神启则被小心地记录在龟壳或兽骨上。宫廷的记录官员将这些材料存档归案，其中许多材料一直保存至今。仪式的其他重要内容包括献牲祭祀、唱歌、跳舞以及用特殊器皿盛装作为供品的食物和酒。在祭祀仪式上，萨满会饮酒来达到占卜所需的恍惚状态。商周青铜器上的动物被解读为萨满用来升天和与祖先或神灵交流的媒介。

当周武王推翻商朝时，他以天（周崇拜的神明）的旨意作为自己倒商称王合法性的说辞，并宣称自己将解读天意并将其执行。周人在征服商朝之前就开始将"天"作为最高神崇拜了。他们坚信天神就居于苍天之中，天神和苍天是本质等同的、一体的。商朝的宗教元素和仪式被周所吸纳，其中就包括对"帝"的崇拜，周将"帝"放到和"天"一样的地位尊崇。

上帝的形象发生了根本性的变化，失去了与王室的直接联系。因此，神界和祖先的世界之间出现了一条清晰的分界线。同样地，"德"也不再代表能够和另一个世界沟通的神奇力量，而是成为一种为了推行天道不可或缺的道德规范。

作为宇宙秩序的源头和至高的存在，"天"很快就成为一个公平、无处不在的判官，

这件错以银纹的青铜兽是古老的神兽——辟邪。辟邪是一种形似狮虎而有翼的神兽，传说它象征祥瑞。

【东周·战国】

这件被称为"商虎食人卣"的青铜酒器呈现的是一个祭祀场景，虎前爪抱持一人，人朝虎胸蹲坐。这个生物可能是灵媒，以便让萨满进入另一个世界与先祖和神明交流。【商】

妇好铜钺。雕刻着叼着人头的老虎的青铜钺让人不寒而栗，证明了它的主人的权威和地位。这个图案是王室的象征，钺的中间刻着王后妇好的名字。【商】

它对统治者和寻常百姓都能进行道德指导。王又被称为天子，被看作是"天"在人间的代表。他是根据天命来统治国家的，若是他的品行恶劣，那么"天"就会将他废黜。这一点常常成为将前一个王朝推翻的统治者的说辞，从而让他的统治合理合法（往后的历史证明，这条理由常常被利用）。若是天子无能、腐败和缺少德行，那么对天子失望的"天"首先会愤怒地降下神罚，发出警告，如洪水、饥荒和不幸；接下来，"天"会将现有的统治者和其家族的权力废除，并将这些权力授予另一个证明了自己德行的氏族首领。

被授予的天命不是一项不可剥夺的权力；相反，它经常受到"天"的审判，"天"以此控制统治者的行为。这样，"天"和君主就构成了一个整体。因此，王令与天命是一致的，因为王是为了完成"天"的意愿，不服和反抗其中一方的意志就会被视作对另一方的违逆。这种"天"王合一、君权天授的体制确立了往后新朝代的政治权威。

商朝以严格的政治－宗教体制为基础的组织结构在周朝发生了翻天覆地的变化。周王现在通过一种封建组织进行统治；虽然血亲关系和氏族崇拜的重要性依然被保留，但周王的大部分权威都是建立在一套礼规和世袭规则的基础上的。不管是政治要职，还是行政、社会任命，都要遵循这套原则。此外，商代的礼仪形式也逐渐发生了变化。

用兽骨和龟壳的占卜方式基本被摒弃，

上图　伏羲女娲图。伏羲、女娲这两个中国传说中的始祖神人身蛇尾，缠绕在众星之间。女娲手持规——象征天，那时人们人为天是圆的；伏羲手持矩——代表地，那时人们认为地是方的。女娲和伏羲分别是人类和文明的创造者，深受中国人民的喜爱。据传说，他们是兄妹也是夫妻。【唐】

下页上图　图中的西王母乘车在浮云和仙花间穿行，车夫是一位神仙，拉车的是三只凤凰。画中的其他珍禽异兽，有的有羽翼，有的则栖息在凤凰的背上，它们都伴着西王母一同出行。【西魏】

宗教仪式越来越看重礼规、礼节和能让仪式更加庄严肃穆的青铜礼器的使用。随着时间推移，宗教仪式上的礼规突破了宗教层面，成为政治和日常行为的规范。

周初期是一段相对和平康乐的时期，但这种和谐不可避免地会衰退，直到成为历史。到了战国时期，不稳定的状况逐渐恶化。"天"对周天子不再仁慈，天子的无能使他无力维护社会的秩序，这也损害了天子和"天"能介入人世命运的至高形象。"天"的意志变得不可理解和预测，整个社会都充斥着对宗教的怀疑。

在这一时期，大量哲学思潮开始发展起来，所有哲学思想的目的都是为了在这个政治、道德和意识形态混乱不堪的环境下，用新的精神价值构建新秩序。儒家思想和道家思想在之后证明了自身是培养新的宗教情感的关键。

起初，儒家和道家更像是哲学学说而不是宗教体系，代表了看待生活，看待人与自然、社会关系的两种方式。儒家致力于恢复社会和政治的和谐，提倡伦理价值与道德规范。据称，这些规范是传说中的上古先王和周初期的君王建立良政的基础。

受到理想化的黄金时代的影响，孔子及其门徒对周朝的萨满活动和宗教信仰都不感兴趣。虽然儒家对"天"和各种仪式都保持尊敬的态度，但他们更看重血亲关系、家族礼节和对祖先的祭祀活动，家族

被儒家认定为社会的基石。传授过去的价值观和文化，指导人们不断完善自身，这些活动被认为是个人道德进步和形成真正社会良知的基本工具，而这种良知是创造秩序和和谐所必需的。

　　传统上，道家玄门分为两脉：作为哲学流派的道家和作为宗教的道教，尽管这种区分似乎更多是理论上的而不是实际存在的，两者之间很难划定一个界限 [1]。相较于整个社会，道家和道教对作为个体的人的兴趣更加

道教信徒坚定地相信神仙的存在。对于神仙的记载最早可追溯到东周，但到汉朝人们对神仙的追求更加疯狂。【东汉】

1　西方世界中道家和道教的单词往往都是同一个，不作区分，
　　之后文中将根据语境翻译为道家或道教。

浓厚，他们认为人类是上天无数造物中的一个，并没有什么特别的，也不认为人是宇宙的中心。道家和道教鄙视儒家的价值观，他们渴望一种没有野心抱负的简单生活，希望可以在这种生活中冥想并与大自然完美地融合，达成和谐。要领悟"道"这个原始宇宙力量的深刻意义和真正价值，强求自己学习和改进是毫无意义的；从物质世界的约束中解放自己，才能够领悟出"道"的含义。

因此，道教是一种个人救赎的学说，旨在引导它的追随者长生不老，在某种程度上还需要用到辟谷断食法、坐忘术、呼吸吐纳法、房事养生术和炼丹术等手段。儒家排斥萨满仪式和习俗，也并不认为灵界及其相关信仰有多么重要，而道教则对民间宗教传承下来的所有传统都感兴趣。

近几十年的考古发现，为周朝晚期和早期帝国（秦汉帝国）的宗教信仰提供了惊人且重要的证据。它们证明了那时社会各界对宗教的热情和传统仪式的复杂性。

丧葬文化证明了当时人们相信存在着许多平行世界，在那些世界里不仅居住着恶魔，还有神明、可以驱散邪恶的祥禽瑞兽居住。

西汉汉武帝时期，武帝独尊儒术，儒家成为官方推崇的思想，这样一来便加速了宗教仪式地位的衰落。儒家思想的演变，让它不再与道家成为对立面，而担任公职的儒士私下或致仕（退休）后接触和学习道家思想也不再被认为是怪异的事情。

这个陶土瓦片上描绘了一个强大的、令人不安的恶魔。它很可能是装饰在宝塔的墙壁上的雕塑。【唐】

中国工匠在刻画守卫重要陵墓的卫士时表现出了极大的想象力。这对长着翅膀的怪物，有着特别可怕的外表，是工匠们创造力的展现。【唐】

为了保护死者不受邪恶的影响，佛教的四大天王作为守护神被放置在棺材旁边、墓室的四个角落或坟墓的入口处。【唐】

随着经济和社会状况的逐渐恶化，人们越来越需要精神上的慰藉。许多政治－宗教团体和组织在这一时期建立起来，甚至农民的叛乱和起义有时都是这些团体煽动的。东汉末年的黄巾起义（太平道创始人发起）和天师道起义（又称"五斗米道"起义），都受到了道家思想的启发，并做出了神话时期黄金时代将要重现的预言。在这些宗教团体的仪式上，人们悉数坦白自己犯下的罪过，并谴责这些罪孽是当时泛滥的疾病和灾祸的罪魁祸首。

秦汉帝国覆灭后，宗教得到了进一步的发展。知识分子对儒家思想的不满情绪开始蔓延，儒家思想虽然主宰了社会，但却无法阻止制度、物质和精神上的崩溃。道家思想代替儒家思想的趋势开始发展。许多人决定避世绝俗，拒绝一切社会责任和活动，以这种方式重新享受静思存想、哲学、音乐、诗歌和绘画本身的乐趣。清谈派和玄学派就属于这一种类型。秘术、辟谷术、吐纳术、行房术与静思存想之术，以及追求炼成长生不老药的炼丹术，这些都在社会上引起了新的兴趣。

道教的发展和伴随着帝国瓦解而来的深层意识形态危机鼓励了一种新宗教——佛教的传播。佛教于1世纪从印度传入中国。起初，佛教被认为是一种类似于道教的宗教，因为为了使人们皈依佛教，佛教的传教者经常使用道教的术语，并强调两教的

8世纪末期蓬勃发展的写实主义风格在这尊鎏金青铜菩萨坐像上体现得淋漓尽致。紧致的服装上有着复杂的下垂褶皱，无数优雅的珠宝装饰着身体的每一个部位。【唐】

相同之处而不是不同之处。

大乘佛教和小乘佛教很快在中国大江南北的精英阶层中流行起来。大乘佛教的信徒最多，特别是当它将佛教的教义与中国文化相融合，从而使其本土化之后。除了非常复杂的深层次的思考，大乘佛教将自己的教义解释得非常通俗易懂，以便让未受良好教育者、追求实用的民众都能接受并理解。比如，涅槃境界，即一种获得永恒至福的境界，被解释成一个天堂般的极乐世界，人在临终前念出"南无阿弥陀佛"就可以进入极乐世界。

在唐朝的前两百年间，佛教达到了鼎盛时期，传遍了整个帝国，在民众中激起了相当大的宗教热情，并得到了朝廷的支持。但是到了843—845年的唐武宗统治时期，情况发生了变化。武宗是个狂热的道教徒并痴迷于寻找长生不老药，他下令摧毁成千上万的寺庙，其中以佛寺为主，并没收了大量寺庙财产和土地。约20万僧人和尼姑，还有成千上万的景教徒和祆教徒（这些宗教，连同摩尼教、伊斯兰教和犹太教在几个世纪前就传入中国，主要是在外国团体中传播）被迫离开教团。

经过数个世纪的发展，佛教的许多流派也开始兴起。真言宗（密宗流派之一）、天台宗、净土宗、三阶宗和禅宗，它们无疑代表了中国佛教最初的表现形式。印度和中国的宗教文学经历了广泛的发展。从印

这个造于 518 年的鎏金青铜像描绘的是佛祖释迦牟尼向多宝佛传授教义的场面。其风格与 6 世纪龙门石窟流行的风格一致，人物简单、消瘦，衣着宽松。他们似乎都要消失在头顶巨大的火焰光环中。【北魏】

这尊释迦牟尼佛像双手合十，以冥想的姿势示人。其铭文显示佛像年代为 338 年，是中国已知最古老的鎏金青铜佛像。【后赵】

度获得梵文的佛经原文并将其翻译成中文是一项艰巨的任务。从 3 世纪开始，成千上万的印度和中国僧人、朝圣者和信徒都积极投入这项工作。

佛教的寺庙里供奉着各种各样的神、佛陀和菩萨。菩萨已经开悟，但他们并没有选择前往极乐世界享受永恒的幸福，而是选择留在人间帮助那些在迷茫或者痛苦中的人前往极乐世界。

中国北方各地的石窟寺中的各种佛教绘画和雕塑都证明了当时佛教的盛行。人们最喜欢的佛陀是弥勒佛，又称未来佛，人们相信他能带来正义与和平，弥勒佛是释迦牟尼的得意门生。释迦牟尼的形象往往是举起右手，掌心向外，象征着慰藉与祝福，左手垂下做出施舍的动作。阿弥陀佛，是掌管西方极乐世界的佛陀；文殊菩萨象征着智慧；观音菩萨象征着救赎与慈悲。

佛教的发展不仅在组织层面上影响了道教，而且在教义层面上也影响了道教。5 世纪，寇谦之大师（卒于 448 年）试图使佛教成为国教，但徒劳无功。后来，佛教和道教已普及开来，同时帝国体制的重建又需要重新确立儒家学说为意识形态基础，最终新的局面产生了：一种融合了儒、佛、道三种学说的思想体系出现了。

# 死后的世界：
# 在另一个世界使用的陪葬品

在中国贵族和统治者的坟墓中发现的丰富的陪葬品，既证明了死者的身份与地位，以及人们对其表达的敬意，又向外传达了一种生命不会随着死亡而结束的信念。从新石器时代到唐朝的这几千年里，人们持有不同的宗教信仰和哲学思想。与此同时，陪葬品复杂的意义象征体系也发生了相应的变化，为考古学家提供了大量各个时期对于来世信仰的信息。

在过去几十年里发掘出土的墓葬和陪葬品中，发现了一些意想不到的象征符号和宗教主题。在现代人眼中，中国古代丧葬文化的表层、深层寓意都不是显而易见的，不管是追溯其发展轨迹，还是找出异同点都并非易事，但我们还是可以勾勒出一幅可靠的大致图景。

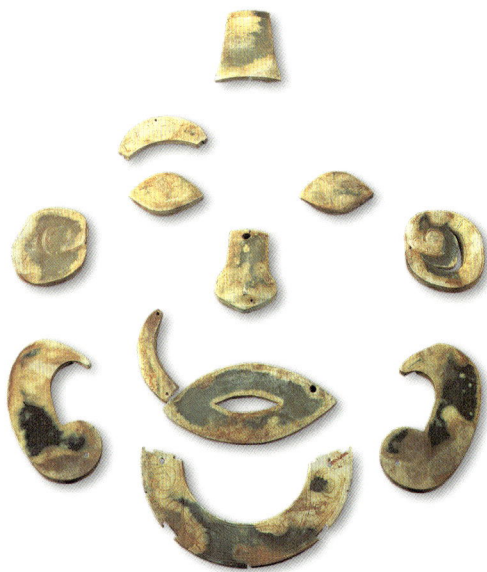

在死者身上放置小玉器的传统可以追溯到新石器时代。从周朝开始，玉器的排放方式具有神秘的巫术或宗教意义。这里展示的碎片是缝在覆盖死者面部的裹尸布上的玉石。【西周】

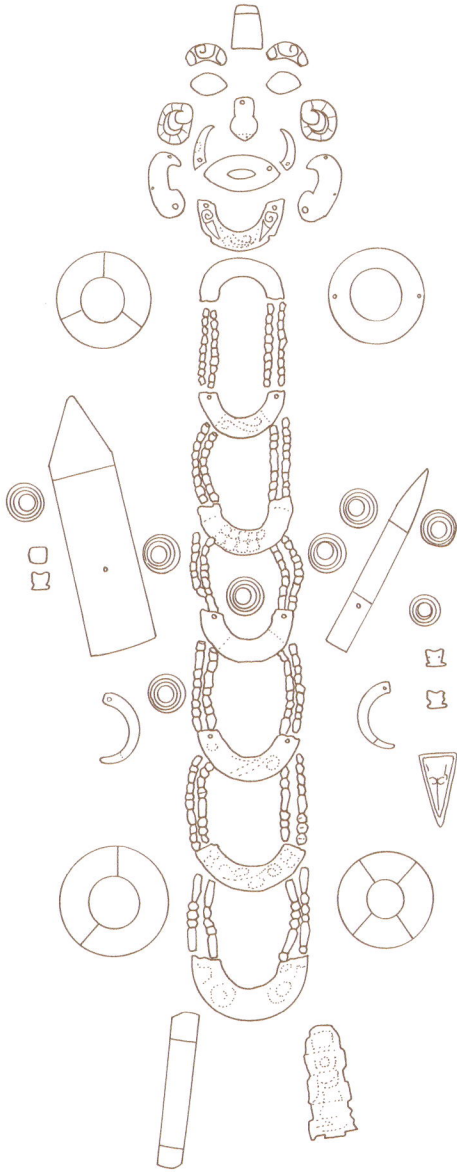

最近的一个推论解释认为，在新石器时代，琮的作用是放置在四个主要方向上以驱散来自四方的邪恶力量。新石器时代良渚文化经常使用琮，他们的一些祭祀场所与琮有着同样的外形。【良渚】

死者的整个身体都覆盖着"护身符"（玉组佩和玉塞），因为人们相信这种"护身符"可以保护尸体不腐烂，同时灵魂还会继续存在。死者身上裹着无数层红色和黄色的丝绸，胸佩由几串精心制作的玛瑙和玉珠组成。其他玉器、斧钺（礼器）和玉璧被置放在身体旁边。【西周】

这个白色半透明的小玉器雕刻了一个兼具人与动物特征的脸。尽管这尊雕像可以追溯到公元前 3 千纪，但它是在距其生产地 500 千米的一座公元前 10 世纪至公元前 9 世纪的坟墓中发现的。【石家河】

上图 这里的每个雕塑都有人的身体和动物的头，代表了中国的十二生肖。它们分别是马、羊、猴、鸡、狗、猪、鼠、牛、虎、兔、龙、蛇。【唐】

下图 1973年在马王堆汉墓中发现了许多珍宝，其中就包括这组可爱的彩绘木俑乐队。【西汉】

这个靖王刘胜的头枕长 44.1 厘米，鎏金青铜框架四周镶嵌着精雕而成的玉片，里面还插了一块梣木作支撑。【西汉】

在新石器时代，坟墓只是在地上挖的坑。在一些坟墓里，死者的尸体旁边会放置一些工具和陶器，里面装着死者在另一个世界需要的食物和饮品。在良渚文化的墓葬中发现了漆木棺材的残骸和众多玉器的残留。扁片型器物、珠宝和坠饰放置在死者的头部周围，琮放置在胸前，璧放置在下半身，作为礼兵器的斧钺放在身体两侧。骸骨

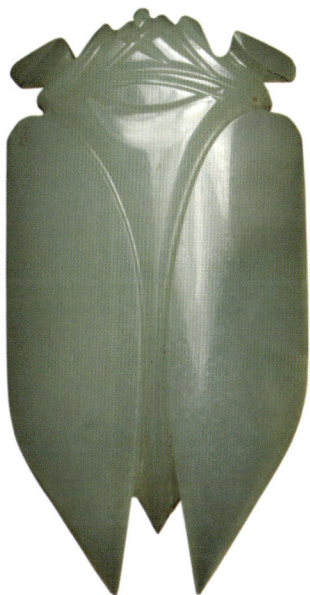

上图 放在死者口中的玉护符（玉塞）通常是蝉的形状，即玉琀蝉。蝉象征着死后生命的延续。【西汉】

跨页图 据估计，一个技术娴熟的专业工匠要打造这样的玉衣至少要花费十年的时间。迄今为止在汉代墓中发现了40多件这样的玉衣，其中最著名的属于靖王刘胜。还有玉塞用来封闭住身体的孔窍。【西汉】

和玉器都有明显的燃烧痕迹，似乎表明火葬或殉葬仪式的存在。在四川三星堆的祭祀坑中发现的青铜和玉器，可追溯到公元前12世纪，这些物品在被埋葬前似乎都被刻意地粉碎和燃烧过。

在新石器时代晚期东部地区的文化和前帝制（先秦）时期，王室陵墓足够容纳大量的物品和陪葬者。埋葬棺木的坟墓被一个阶梯式的平台（二层台）包围着，陪葬品就摆放在上面。一些商朝王陵非常大，深度超过20米，面积超过2500平方米。许多墓都有入口坡道，主入口一般都是南北朝向，次入口是东西朝向。尸体放置在位于坟墓中央的木制棺椁内。棺椁为两层，内部的棺用来存放墓葬者的尸体，外部的椁相当于构造了一个椁室。

尸体的周围摆放着死者的亲戚、仆人和士兵的尸体，他们将会在另一个世界继续服侍和保护自己的主人。还有另一种陪葬者：奴隶和战俘，其地位等同于陪葬的动物。他们往往被捆绑并斩首，有时被埋在主墓周围的外部坑中。

从新石器时代开始，人们就普遍认为死者死后可以保持生前的社会地位和享有生前的特权。出于这个原因，人们都把自己最珍贵的物品作为陪葬品。由此，这些陪葬品就成为一个巨大的宝藏，比如在商朝皇后妇好的内棺中发现了7000枚海贝，以及755件玉器。这是迄今发现的最大的

上图 春秋伎乐铜屋。这个公元前 5 世纪的错金青铜制成的小屋里有两个歌伶和四个在演奏乐器的乐师，这是迄今发现的最古老的建筑模型。【东周·战国】

跨页图 除了在墓中放置死者的仆人和侍臣的雕像以便主人在死后也能得到他们的服侍，人们还习惯将死者熟悉的地方和房间还原出来。【三国】

玉器聚藏地。虽然贝壳这时还没有作为货币使用，但因其只能在宗教仪式上使用，便给它的拥有者带来了极大的威望。

从东周时期开始，建造类似宏伟住宅的贵族陵墓已成为普遍做法。椁室的面积得到了扩大，而且还增加了许多其他墓室，每一间墓室都有不同的作用，而且互相都是连通的，方便墓主人"出入"。在随后的几个世纪里，人们在建造帝王陵墓时都会修建缩小比例的房屋和皇宫，有时还会增加放置陪葬品的墓坑，而且这些做法越来越盛行。

最重要的墓群覆盖着土堆或木制建筑（可能充当祠堂），周围有林园和防护墙。秦始皇陵的宏大令人惊叹，彰显了秦始皇的权力和妄自尊大的性格，其设计目的是为始皇帝死后提供最优质的生活环境。马厩里装满了马匹，青铜马车载着皇帝前往永生之地，庞大的兵马俑严阵以待，这些都是为了让皇帝在另一个世界也能够建立帝国。

青铜器的仪式地位逐渐下降，随葬品不再仅仅包括表明死者社会地位的物品和履行其地位所规定的礼仪功能所需的器物（祭器），现在还包括他的个人物品（生器）。活人祭祀有两种形式，一种是专门将活人作为一种祭品（人牲），另一种是用活人为逝者殉葬，他们将在死后的世界陪伴和服务逝者（人殉）。这两种做法在公元前 5 世

本页图和下页图　在马王堆1号墓的棺材上发现了著名的彩绘帛画，它描绘了轪（dài）侯之妻辛追夫人升天的旅程。它描绘了地府（下半部分），人间（中间部分）和天宫（上半部分），画面上使用了复杂的，有时晦涩到令人难以理解的符号。死去的辛追夫人站在中间；她的亲戚们跪在她的周围，要求她的灵魂回到原来的住处去。在两侧是两条巨龙，它们作为升到天庭的中介。在他们上方打开了通往天堂的门，由它忠实的守护者蝙蝠守护着。【西汉】

纪开始逐渐被摒弃，用被称为"明（冥）器"和"鬼器"的木制、陶制或石制的小型俑代替了活人陪葬。

活人陪葬随着这种人俑的出现而逐渐消失。明器具有重要的象征价值，包括各种建筑、乡村场景的模型，以及祭祀和仪典中必不可少的器皿和乐器，通常由彩陶制成，但有时也用青铜。以秦国为代表的中国北方明器的材料普遍为陶土，以楚国为代表的中国南方明器则以木头为主。汉唐的明器十分精致美观。

在帝制时期（秦至清），丧葬文化反映了宗教的迅速发展。这时人们认为一个人死后他的"魂"（精神之灵气）注定要回到天堂，而"魄"（形体之灵气）注定要回归

地下。这种二元论式的观念与越来越多的人相信有特殊的存在——神仙——可以逃避死亡有关。人们还相信，长生不老可以通过服用具有无限延长生命能力的物质来实现，或者通过保存身体不腐烂，从而允许"魄"存活下来。

为了达到这一目的，人们采取了各种手段：有时，尸体被放在互相嵌套的多层棺椁里；有时将尸体浸在一种特殊的液体中，或放在一套玉（或类似的材料）或琉璃的衣服中；还有一种塞子（通常用玉制成）专门用来堵住死者的孔窍。这成千上万件富丽堂皇的陪葬品，既是用来证明死者的社会地位和财富，也是为了赠予在阴间负责接收或拒绝"魄"的守门人。

在湖南长沙马王堆的轪侯之妻辛追夫人（卒于公元前168年）墓中发现了一幅令人叹为观止的帛画（盖在了她四层棺椁最里面的一层），充分展示了天宫、人间和地府的景象。

这幅画描绘了整个宇宙，在其中居住着各种神话人物和神兽，并描述了死者通往不朽之路的各个阶段。一个复杂的象征符号体系展现着"魂"和"魄"在旅程中的各个阶段。死者升往天堂的各个阶段——地府的黑暗世界、葬礼仪式和天堂——从下到上依次水平地描绘在画卷上，各个场景之间互相平行，左右两侧向上蜿蜒盘绕的龙完

左图 具象艺术（描绘的艺术形象与现实的自然形象相似的艺术）常常反映出中国人对于接触日益增多的外国人的兴趣的加大。这个商人骑着骆驼，西域特征鲜明，表情甚至有些严峻。【唐】

右图 在这尊优雅的彩陶女俑的脸颊上，可以清楚地看到宫廷女士用来增强她们柔软、丰满的面部特征的化妆品。【唐】

下页图 唐代陶工的技艺在这匹华丽的大宛马（汗血宝马）身上得到了完美的展示，马身上有奶油色、琥珀色和蓝色釉料，还有一块不寻常的蓝色马鞍布。它原本摆放在一座陈列着许多类似雕像的坟墓中。【唐】

美对称，贯穿上下。天空中有太阳和月亮，神灵和神兽也居住于此，万物处于完美平衡中。

为了保护死者不受恶魔和邪恶的影响，帮助魂（精神之灵气）踏上艰难的旅程，在墓室壁画、陪葬品和漆棺的装饰上越来越频繁地出现用于辟邪的图案或者神明的画像，如女娲和西王母。女娲是创造人类的女神，她一日有七十化变。严阵以待的士兵，庄严肃穆的禁卫军，威风凛凛的天兵天将，这些兵俑守护着陵墓和死者。

一些典型的例子就是唐三彩陶俑有很多就塑造成降服妖魔的镇墓兽。这些镇墓兽常常成对出现，和石窟中也出现过的护法天王配在一起。它们有时候是人兽同体的样子，人面或兽面，表情凶狠，体魄强健，而且带着羽翼或者蹄子。

# 建筑

这座高 132 厘米的多层房屋建筑模型为汉朝建筑结构的研究提供了良好的参考。墙壁饰有彩绘，倾斜的屋顶由一个复杂的斗拱系统支撑。【东汉】

由于中国古代建筑大多是用易腐烂的材料建造的，所以其中只有很少的遗迹幸存下来。几个世纪以来，建筑都是由填充耐磨材料的木制承重框架构成的，结果就是前帝制时期的所有建筑都没能留下，而且几乎所有唐朝之前的帝制时期建筑也都消失了。就连那些在文学作品中经常描写的富丽堂皇、陈设豪华的皇家宫殿也不复存在。除了几座建于 6 世纪或 7 世纪的石塔或砖塔外，剩下的都是一些建于唐末之前的建筑的遗迹。其中最重要的是中国现存最古老的木构建筑南禅寺（782）和佛光寺（857），都位于山西五台山。

我们对前帝制时期建筑的了解是有限和零碎的，尽管有各种来源的证据有助于重建当时的房屋和定居点的外观。文学作品中偶尔会有对宫殿的描写，而一些陶器和其他物品上也会有对建筑的描画。最精致的坟墓保留了一些建筑元素，陪葬品中会有青铜或者陶制的微缩建筑和宫殿模型。此外，在一些考古遗址中发现了围墙、台阶和柱子的石头底座（石础），出土文物中还发现了合页，大门和横梁上的金属装饰，还有瓷砖。不同时期的大型住宅建筑群和宫殿建筑的地基，使考古学家能够复原城镇和村庄的结构。

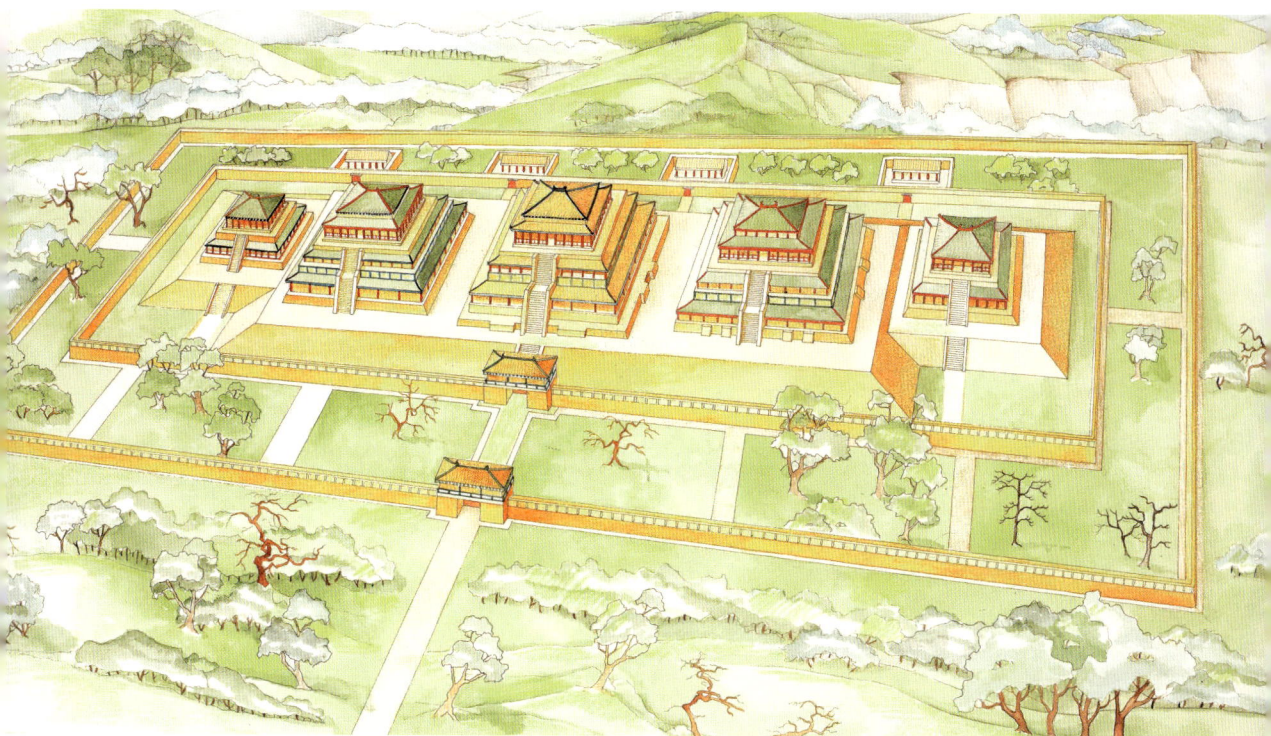

上图 基于古墓中发现的巨大青铜盘上的错金图案，人们复原了公元前 4 世纪的中山王宫。

右下图 大地主经常在他们的土地上建造亭子和游乐设施以打发他们的闲暇时光，正如这个复杂的湖中亭子的陶器模型所展现的那样。里面有舞伎、乐师和歌伶，还有四名弓箭手从阳台上守望四方。【东汉】

左下图 古代建筑和宫殿没有保存下来，因为它们是用易腐烂的材料建造的，如木头和夯土。因此，汉代的彩绘陶模是了解中国建筑史的重要信息来源。【东汉】

左上图 这个拥有着许多房间的多层建筑模型宽 114 厘米、长 130 厘米，充分展现了有防御工事的庄园建筑的复杂性。【西汉】

左下图 该图与上图为同一件模型，但是去掉了上层和屋顶。底层的房间用作厨房、储藏室和马厩，而住宅房间在上层。在大厅里，一群乐师正对面放着一堆盘子和器皿，好像是正在举办宴席。【西汉】

右下图 陶器模型的住宅、农场、粮仓和游乐亭是非常常见的陪葬品，特别是在东汉时期，但在后来的几个世纪里逐渐消失。取而代之的是宏伟的壁画，这些壁画重现了死者所熟悉的环境，比模型更逼真。【东汉】

下页图 这个 2 世纪的汉画像砖上描绘了雄伟的阙楼。栖息在屋顶上的凤凰象征祥瑞。【东汉】

因此，我们可以推想出这些建筑的样子，比如新石器时代的半坡村（仰韶文化）中巨大的木头和稻草建筑，和在二里头（夏）、盘龙城、小屯和郑州（商）发现的，其中有些占地超过 1 万平方米的宫殿，以及在商周王陵上建造的祭亭，周围环绕宏伟的陵区和高墙。在公元前 310 年修建的宏伟的河北平山中山王厝墓中发现了一个青铜盘，上面就详细地绘制了此墓的设计图。

　　在新石器时代的半坡遗址，房屋的地面都是下沉式的，而在南方，则把地板建在高高的木桩上。从公元前 9 世纪开始，覆盖了好几层的茅草屋顶逐渐被扁平或半圆形的陶瓦所取代。木质支撑结构得到加强以承载额外的重量，复杂的斗拱结构也得到了应用。

　　秦汉帝国时期在建筑方面有很多重大的创新，这在一些大城市的建筑中得到了反映。普通百姓的建筑依旧简陋，屋顶仍然使用茅草铺盖，而富人和贵族的住宅开始使用此后几百年都未曾改变的建筑结构。重要的建筑由多个元素构成，最富裕的住宅群

这块用于装饰檐头的瓦当十分精美，表明当时工匠对于不起眼的角落也十分用心。【秦】

早期建筑中只有青铜的合页、门饰、门的接合件，石制的柱基，陶制的瓦当和水管得以保留至今。【西周】

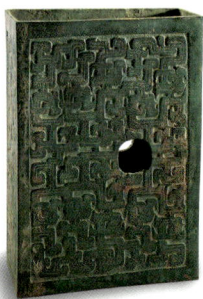

这个青铜接合件饰有蟠虺纹。木梁被放置在两个开放的端，并在中间的孔插入一个木栓固定。【秦】

这件木梁的直角青铜接合件上的浮雕装饰也是蟠虺纹的变体。【秦】

被庭院包围，彼此由院墙隔断并有宽阔的通道连接。宏伟的阙楼矗立在宫殿大门或者庄园入口的两侧。举行仪式的大殿作为建筑群内部的一部分，其正面与外墙的大门都落在建筑群的中轴线上。大厅的两侧耸立着一层或多层的建筑物。有时建筑群中还会有四五层楼高的亭台和望楼。城市里的建筑物被围墙围起来，既供居民居住，也供官员办公使用。

汉朝在长安和洛阳修建的皇宫在汉亡之前都被悉数焚毁，但是，秦朝在咸阳修建的宫殿还有一些遗迹保留了下来，其中一座的结构和外观得到了复原。

在帝制时期，宫殿由各种建筑组成，它们建在夯土或砖石筑起的平台上，通常

跨页图　此图是一位艺术家对山西五台山佛光寺的复原图，该图清楚地展示了支撑屋顶的梁架和斗拱结构。它们置于建筑的主要结构之———立柱上。这座佛寺重建于 857 年，是中国现存最古老的木构建筑之一。

位于南北中轴线，坐北朝南。这些建筑物由带屋顶和屋脊的走廊和通道连接起来。作为整个结构的承重柱的大型木桩，放置在台基上间距固定的石础上。它们支撑着精心装饰的梁架和屋顶下的斗拱结构。在建筑的长轴（正面方向）上安装有枋条。榫卯的接合方式，保证了整个结构的坚固性和弹性。

墙壁不是用来承重的，只用于隔断内外空间，一般都被粉刷成白色，通常还会画上日常生活或神话的场景，以及一些与织物和漆器上的纹饰类似的几何图案。在秦汉时期，墙壁有时是用空心砖砌成的，上面有压印或雕刻的几何图案或动物图案。柱子本身涂成深色或上漆，有时还在外面裹上珍贵的、颜色素雅的丝绸。地板也涂上灰泥、油漆，或铺上精心制作的地砖。

屋顶由下面的梁架结构制成，上面覆盖着陶瓦，屋檐有经过装饰的排水槽。屋顶的椽条往外延伸得越来越远，斗拱的结构也越来越复杂、精美，而斗拱结构可以增加立柱之间的距离，改善受力的分布情况。

唐朝时期采用了巧妙的建筑设计，比如昂（斗拱里一种长而倾斜的承重构件，整个建筑的昂呈中心对称），从而让屋顶的轮廓逐渐弯曲变成鸟翼的形状，这种形状在后来的中国和远东建筑中非常盛行。

# 日常生活

许多历史、文学和绘画作品都记载和描绘了中国统治者和贵族的生活，但很少涉及寻常百姓的习俗和生活习惯。宫廷和贵族的生活被繁复的礼节和规定所约束。这些规定约束着公共场所和私下生活的个人行为，也对家族内部的行为规范——包括每一个家族成员在一切情况下的行为——做出规定。

奢华的家具为这种严苛而庄严的生活方式提供了配套的环境。这些宫殿是巨大

左图　这个农夫陶俑向我们展示着他的铁锹和一把铁尖的木剑，这些工具既可用于田间的日常工作，当大批农民征召入伍时，又可在战争中作为武器。【东汉】

上页右图 在这幅图中，佛陀的教义被象征性地描绘成充溢的云气。它最终化成了润泽万物的雨水，而雨水正是农民生活和富足的源泉。图中的农民有的正在劳作，有的在休息。（莫高窟第23窟）【唐】

右上图 寺院的生活包括了农忙阶段。这幅画描绘了田野里不同季节的工作，是五幅一组的《弥勒经变》壁画之一。（榆林窟第25窟）【唐】

的宝库，里面收藏着由众多才华横溢、技艺高超的工匠数个世纪以来精心制作的产品。

在社会的另一端，绝大多数普通百姓的简陋住所聚集在村庄和城镇的边缘，远离为贵族、大地主和富商的豪宅保留的区域。

尽管对于当时许多方面的了解还十分模糊，但我们还是可以大概勾勒出不富裕阶层的生活条件和职业的图像轮廓。例如，在过去几十年里，考古学揭示了更多关于贸

牛车是老百姓最常用的交通工具，主要用于运输农产品。在农村经济中，出售部分收成和饲养的牲畜，再加上做些小买卖，都有助于农民维持生计。【北朝】

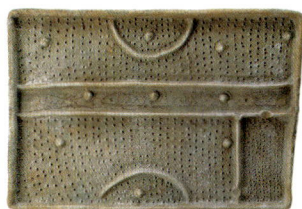

从新石器时代开始，水稻种植就是中国最重要的农业活动之一。根据最近的资料，水稻最早可能是在公元前7千纪左右开始种植的。图中是汉代的陶土模型，显示了由水流灌溉的稻田。【东汉】

这个陶俑是一个正在工作的鱼贩子。自古以来，商贩都是中央和地方政府怀疑、施压和征税的对象。【东汉】

用青铜来制作日常生活场景的模型是很少见的，而图中这件青铜雕塑描绘的就是一个在磨石上工作的农民。然而，乌龟这种瑞兽的出现，可能暗示着这一景象出自神话或具有某种象征意义，而不是直接反映现实生活。【汉】

易和农业发展的信息。除了中国人几个世纪以来的许多创新和发明外，传统工艺，如玉器制作，其高度复杂的技术也代代相传，流传至今。

中国社会从新石器时代的小型农耕社会发展成为真正的城邦，城邦继续发展壮大，直到形成了王国和公国。最终，一个庞大的帝国建立了。虽然几个世纪以来，它的疆界变化很大，但它的领土一直很辽阔。随着时间的推移，手握政治和宗教大权的统治阶层与被统治的普通民众之间的社会差距越来越大。统治阶层和穷人之间的财富差距巨大，纵观整个中国古代史，情况都是如此。普通百姓的房屋矮小、简陋残破，地面下沉，且用茅草来铺盖屋顶；而贵族们的宫殿和宅邸则有巨大的屋顶，上面覆盖着装饰华丽的瓷砖，整座建筑显得富丽堂皇。

在帝国的都城迅速发展，规模不断扩大的同时，一套严苛的社会组织体系同时也在发展着。长安就是这样一个城市，它是古代世界人口最密集的城市之一，曾多次遭到破坏和重建。在唐朝，长安以其国际化的特点和宏伟壮丽的建筑而闻名世界。有超过 100 万人住在长安城内（居住在城外的人口至少也有 100 万），城市的占地面积达 80 多平方千米。长安城被宏伟的城墙环绕，城市设 12 道城门，并有许多望楼守卫着城市。长安被分为 109 至

这是一个日常生活的景象：摊贩卖酒给一位顾客，一个农民推着他的独轮车（这是中国的一项发明）从旁边经过。卖酒需要交税，这保证了国库的充实。【东汉】

这件彩绘的画像砖上描绘了酿酒的过程。据推测，死者生前很可能从事酿酒工作。这块浮雕的意义可能是让死者死后也能继续从事这份熟悉的工作。【东汉】

这是《法华经变》壁画的其中一个场景。一个富有贵族的儿子放弃了奢侈的生活，过了一段贫困流浪的日子。后来，他同意隐姓埋名在父亲家里当马童。经过 20 年的艰苦工作，他才同意做他父亲的继承人。（莫高窟第85窟）【唐】

111 个长方形区域（坊），每个区域都由厚墙包围。

道路以直角相交，形成一个完美的矩形网格。一条宽敞的主干道从南门直通位于北界的皇宫。出于安全起见，长安城施行宵禁制度，城门和各坊的门在夜间都要关闭，夜间严禁百姓上街，每晚都有全副武装的士兵在街道上巡逻。长安在东西两边修建了巨大的贸易市场，为全城的人提供货物交易，位于西边的西市供外国人使用，而在东边的东市则为本地人所使用。根据当时的记载，长安城有超过 4000 户来自亚洲各地的外国人居住在城内。

有关于普通人日常生活的许多信息都是由富人坟墓中发掘出的大量明器和陪葬俑提供的。这些器物的形象和造型多样，包括动物和人（农民、仆人、士兵、杂耍艺人、乐师），旱地或水田模型，做生意要用到的设施或者动物用建筑（猪圈、窑炉和石磨），

这个陶土制的农场模型有谷仓、牲畜棚和上层用于居住的房间。【东汉】

这个简单但富有表现力的模型是一个羊圈。饲养羊、牛、猪、家禽和蚕，是中国农民家庭的主要活动。【东汉】

正如这个模型所展现的一样，养鱼对于中国农民家庭维持生计十分重要。在左边我们可以看见一条小船、几只鸭子和一些水草。【东汉】

鱼塘、农舍和粮仓，以及各式各样的工具。

在 5 世纪到 10 世纪这一时期，皇族成员和达官贵人墓室里的壁画描绘了他们消遣娱乐的丰富细节，证明了宫廷生活的精致与复杂，而在这一时期之前（2—4 世纪），这些壁画经常描绘的是普通百姓的生活，尤其是他们的工作和休闲方式。有许多壁画描写的是杂耍艺人在节日里娱乐百姓的场景，在石窟寺庙的墙壁上，经常绘有田间劳作的场景，这是一种更为朴拙，但更直接和真实的艺术表达。

# 音乐和娱乐

在中国古文中，音乐的"乐"字也有"快乐""欢乐"和"娱乐"的意思。公元前3世纪的伟大思想家荀子就曾经说过："夫乐者，乐也。"（音乐，就是快乐的意思。）古代儒家经典《礼记》其中一个篇目《乐记》（作者不可考）也说道："乐者，心之动也。"

音乐在中国传统文化中占据着十分重要的地位。道教推崇自然之音，他们认为大地吐纳、宇宙呼吸的自然之音能焕发万物；儒教崇拜灵魂之音，他们认为音乐可以修身养性，控制情绪，提升自我的道德，使他们能够与他人、自然，乃至整个宇宙和谐相处。

要想拥有完满的人生就必须尊重宇宙和谐的规律，因此音乐在某些时候甚至比仪式和典礼更加重要。大约在250年，竹林七贤（七位崇尚道家思想的名士，常在一处竹林相聚，共同奏乐、作诗）之一的阮籍曾说过："夫乐者，天地之体，万物之性也。合其体，得其性，则和。"（音乐体现了天地的精神，万物的本性。若是音乐符合天地

左图 在中国，舞伎、歌伶和杂耍艺人无论是在宫廷还是在普通民众中都非常受欢迎。这个雕塑展现的是一个剧团的表演，演员们非常富有表现力地做手势和动作。【唐】

下页图 骑驼乐舞三彩俑。中国人着迷于中亚文化，并乐此不疲。其中中亚音乐在宫廷非常流行，尤其是在唐朝时期。图中骑着骆驼的乐师和歌伶都是来自于中亚地区。【唐】

的精神，保存了万事万物的本性，就和谐，也会使一切都和顺。）

传统观念认为，宇宙秩序的基础是声音，若是人类能和宇宙的声音协调一致，那么世界就会达到一个无比和谐的状态。古代的明君清楚地明白这个道理，他营造音乐和旋律氛围，促进人与人之间的和谐，尊重亲属关系和社会义务的联结作用，遵守群体生活的基本仪式与规则，力图将人

和宇宙融合为一个和谐的整体。中国的音乐家们试图重现这个太初之音。道德与社会秩序得以和星辰、四季、色彩和生死的自然秩序神秘地结合起来。

中国的音乐系统由五声和十二律吕组成，以律吕[1]的声音为基础，传说中黄帝将律吕带入宫廷来模仿凤凰的叫声。十二律吕

---

1 一种竹管乐器，用于校音准，共十二管，奇数位的六个管称"律"，偶数位的六个管称"吕"。

上图 曾侯乙编钟是迄今发现的最壮观的一套青铜钟，可追溯到公元前5世纪。它由65个不同大小的钟组成，这些钟按大小顺序排列在一个大木架上。每个钟上都有金色铭文标明其音名。【东周·战国】

中图 中国发现的第一个青铜钟可以追溯到商朝。它们的作用很纯粹，仅在宗教仪式中使用。这里展示的甬钟是在曾侯乙墓中发现的64个（除去镈钟）编钟中的一个。【东周·战国】

下图 这件镈（bó）是在南方地区使用的类型。自西周以来，镈可以和编钟一起合奏。【西周】

参考的是第一个管的音（称为黄钟）来确立每个音符的音高的。所以是黄钟派生出了其他音符，但它会随时代而变化，中央时不时会颁布法令来确定黄钟的音。

中国传统音乐源远流长。最早的乐器（骨笛、哨子和陶笛）可以追溯到旧石器时代晚期和新石器时代早期。在前帝制时期的朝代，音乐在宫廷仪式中扮演着非常重要

上图 葫芦形乐器自古以来就是云南特有的一种簧管乐器。时至今日，在彝族、佤族、怒族、拉祜族、傣族、纳西族、独龙族等少数民族中，它仍然十分流行。

跨页图 这套编磬（qìng）是曾侯乙墓中发现的众多乐器之一。每一块石头对应一个不同的音符，可以演奏五阶、六阶和七阶音符的旋律。

的角色，青铜钟和其他乐器的发现证明了这一点。安阳的小型商钟与南方诸侯国的许多大钟相似。其中一种叫"铙"（náo，一种钟，既没有在开口内安装钟舌，也没有用于外部敲击的钟锤）的钟与其他类似的钟在湖南宁乡被发掘出来，重量达154千克。从周朝开始，其他类型的钟开始流行，并出现了一系列由各种材料（青铜、石头、木材、竹子、陶土、皮革、丝绸、漆器）制成的打击乐器、管乐器和弦乐器。

南方小国曾国的国君曾侯乙（约葬于公元前433年）的墓中有不少于124件乐器。最壮观的是一套编钟，安装在三层木架上，木架的两部分以直角相连，并由青铜人像支撑。这套编钟由65个铜钟组成，按大小顺序排列；所有的铜钟都装饰华丽，上面有金色的铭文，表明它们的音调。在这座墓中还发现了一个巨大的镈钟，另有磬、钟锤、鼓、篪（chí，竹管乐器，似笛），简易和复杂的排箫、笙、琴和瑟。

西汉汉武帝时期成立了乐府，它的功能是收集民间歌谣和音乐，并在宫廷和军事检阅仪式中组织音乐表演。乐府在公元前7年被废除，当时有830名乐师、舞伎、歌伶以及杂耍艺人在里面工作。在唐玄宗时期，负责宫廷乐舞的机构有3万多人，西汉的乐府在规模上与之相比还是小巫见大巫了。唐玄宗时期出现了一种特殊的音乐形式，被称为"燕（宴）乐"，在宫廷娱

陶俳（pái）优俑经常对俳优（古代表演滑稽戏的演员）作夸张的刻画，尤其是在四川地区，本图和下图的击鼓说唱俑就是在那里发掘出来的。【东汉】

这个俳优的塑像是为了娱乐死后的人们。它生动的手势和滑稽的表情是为了引起人们的欢笑而设计的。【东汉】

乐中非常流行。

表演和娱乐活动并不局限于宫廷。墓砖和墓石上经常刻画着在公共场合表演舞蹈和杂技的场景。陶器模型也常常以受欢迎的娱乐活动为主题，如街道上的表演、舞伎和杂耍艺人的塑像。而民间表演（百戏）花样繁多，包括音乐和杂技表演，舞蹈，以及抛接杂耍、吞火和民谣演唱的表演。

从汉朝开始，蹴鞠就是一项深受贵族甚至皇帝喜爱的活动。比赛在一位裁判员的监督下进行，球场或者四周围墙环绕，或者下陷地面，一共有 12 个球门，每个球门都有守门员把守。当时的球非常重，并且没有弹性，从而使得这项运动非常耗费体力。实际上，这项运动在过去也被用于军事训练。直到唐朝，人们开始使用充气皮球，蹴鞠才成为一项纯粹的娱乐活动。蹴鞠的规则也随之发生了改变，球门数量逐渐减少至一个，并设置在球场正中央。球门上有两根钉入土中的柱子，柱子之间有一张网，在网的上部有一个圆形的洞，只有将球踢入那个洞才算得分。

马球是唐朝时期从波斯传入的，马球的盛行可以从壁画和众多的陪葬品中得到证明。唐朝时期，骑马是贵族才有的特权，因为 667 年颁布的一项法令禁止了商人和工匠骑马。在宫廷里，在特殊场合和庆祝活动中，最受欢迎的表演之一便是舞马，训练有素的马匹组成方队，身上装饰着绫

四个戴着大帽子的乐师跳着舞，打着鼓，吹响带着彩带的弯弯的长号角。这个行进列队的浮雕是为了纪念死者，他生前可能也享受过类似的游行致敬。【南朝】

中图　这块画像石上的浮雕是一群杂耍艺人在移动的马车上进行表演。虽然这看起来很困难，甚至是不可能的，但在同一时期的其他墓砖石上也有类似场景。【东汉】

下图　两个杂耍演员一边跳舞一边保持平衡，胳膊向外伸展，且手里端着盘子，完全不在意脚底的蛇已经缠住一个人的脚，同时又咬住了另一个人的腿。这个铜扣饰的背部有一个别针，可以将其固定在腰带上。【西汉】

这个表面涂上华丽的绿色、奶油色和琥珀色釉面的陶俑充满了生命和活力，塑造了一个打马球的人。用于这项运动的矮种马易受惊，但很敏捷，是阿拉伯马（汉代传入中国）和中国马的杂交品种。【唐】

罗绸缎和金银珠宝，用精彩绝伦的表演娱乐观众。

　　自古以来贵族就有着各种各样的娱乐活动，比如射箭，就是古人的六艺（礼、乐、射、御、书、数）之一。在比赛中，和其他许多游戏一样，败者往往都被惩罚喝一种特定的饮品。他们也会在各种游戏里下赌注，包括斗鸡、赛狗、赛马，以及技巧性的游戏，比如牌类游戏和用到骰子的游戏。骰子一般有6个面的，也有14、18和22个面的。

　　围棋作为一种古老的策略游戏，在知识分子、大臣和士兵之间受到推崇。在唐朝，围棋在宫廷内部十分盛行，最出色的棋手还会被授予官位和头衔。用脚或者腿来踢的毽球在妇女和僧人之间十分流行。在宫廷中，特别是女性之间，象棋和双六（陆）是十分受欢迎的两种游戏。象棋是一种古老的游戏，在唐朝人们将其规则加以完善；双六很有可能是从另一个古老的游戏——六博演变而来的，传说中六博是神仙玩的游戏，在晚周和汉朝非常盛行。

　　想要玩六博，必须先准备一个正方形的棋盘，在棋盘上标有直线或者L形的路线，

三彩马球仕女俑。马球运动是沿丝绸之路从波斯传入中原的，而有一些专家认为，马球是从吐蕃传入唐朝的。马球在贵族中非常受欢迎，唐玄宗的爱妃杨贵妃就十分喜欢马球。玄宗本人也爱马并喜爱马上运动。【唐】

六博游戏在穷人中也很流行。这里展示的青铜博戏俑正在掷骰子，他们似乎乐在其中。【西汉】

还需要 12 枚长方体的棋子，和 6 根竹签（博箸）或者 18 面的骰子（称为"茕"）。在中国各地都发现了保存完好的六博用具。其中，棋盘通常是用石头做的，棋子可以用象牙、骨头、青铜、玉石或水晶制作。游戏的具体规则目前还是未知，但据说六博是从占卜和古代的宇宙观念中衍生出来的游戏。六博棋局的图案也被用作铜镜上的装饰图案，这种铜镜称为"TLV 镜"（因为有些图案采呈现出这些字母的形状，中国常称博局镜、博局纹镜或规矩镜）。虽然汉末时期这项游戏不再受欢迎，但是图案还是流传了下来。

还有许多画作描绘了休闲娱乐中的男男女女。在这些画中，一切都像凝固在一种安详而永恒的氛围中了。

134

上页下图和本页上图 这些石板是用来玩六博游戏的，其表面铺着各式各样的陶片，上面装饰着蟠螭、兽面、龙虎的图案，它是战国时期的产物。棋子行进的路线由直线或 L 形的长条标明。随着时间推移，这个游戏逐渐不那么受欢迎了，六博石板上的棋局图案作为装饰纹样被保留了下来。因为其图案中的长条很像英文字母 T、L 和 V，所以又称"TLV 镜"。上页下图的铜镜是西汉时期的。

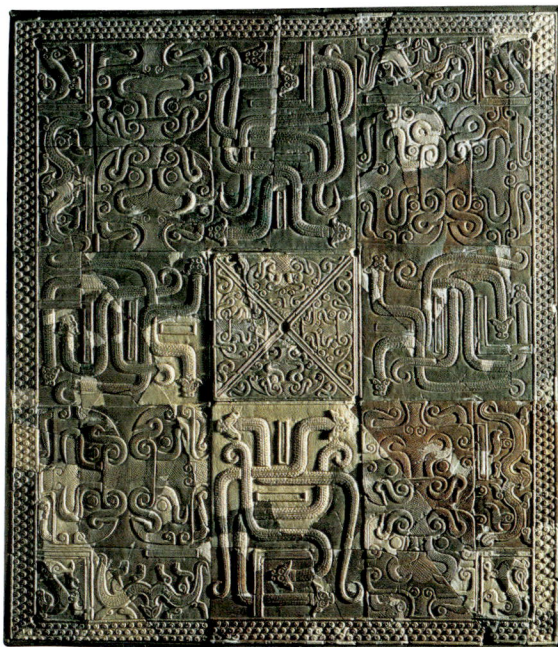

彩绘木六博俑，两个玩家正在讨论棋局。六博棋具除了棋盘，还有 12 枚棋子。棋子必须按照规定的路线移动，每次移动前都要投掷 6 个博箸或两个 18 面的骰子来决定如何行进。【东汉】

# 奢华

在中国悠久的历史中，每个时期的资源分配基本都是这样的：一小部分的贵族和统治阶层拥有大量的资源，而大量的民众生活在贫困之中，受到频繁的洪水等自然灾害的威胁，或被强迫劳动而穷苦不堪。在这方面，中国古代文明与其他世界的

在唐代，缠绕的藤蔓和串串葡萄之间神兽和鸾鸟穿行而过是经常出现的装饰主题。图中铜镜复杂的纹饰采用的就是这些图案，有一些铜镜是鎏金的。【唐】

这些银镜上装饰着复杂的金色图案——两只对称的有着长长尾羽的凤凰。【唐】

这双错金银小青铜豹是作为镇纸压在绢帛画上的。
【西汉】

镜子的形状有方有圆。镜子背面在中心的钮部一般都有一个设计，有时是动物，有时是凸起的圆钮（如图）。
【唐】

文明没有什么不同。巨大的财富集中在少数人手中，他们创造了许多令人瞠目结舌的奢侈品。

编年史和文学作品中有许多关于富人和贵族的特权和享乐的描述。皇宫贵族的奢华在古代世界是众所周知的，但出土文物的奢华程度还是令如今的考古学家大吃一

成套的底托可以用来承托大型的器具或托盘。这尊精美的青铜衔环双身虎塑像表面装饰着银纹，它与其他三件一模一样的双身虎塑像组成一套底托。【东周·战国】

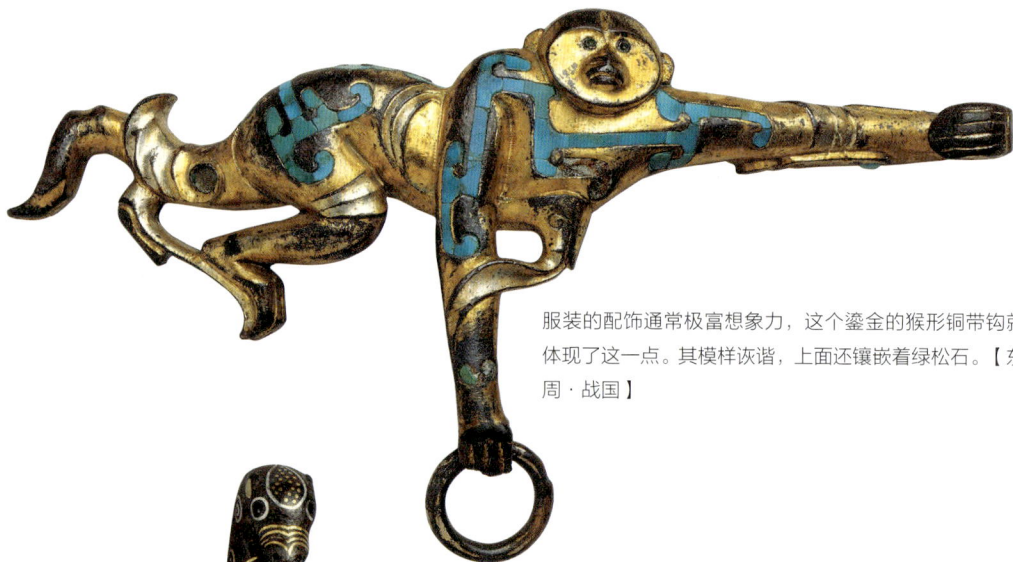

服装的配饰通常极富想象力，这个鎏金的猴形铜带钩就体现了这一点。其模样诙谐，上面还镶嵌着绿松石。【东周·战国】

这个错金银铜带钩外形是一只幻想出来的长着龙头的生物。【东周·战国】

惊。20世纪的大量考古发现证实，以前被认为是夸大或者吹嘘的描写是真实存在的。许多伟大帝王的陵墓至今仍未发掘。如果这些宝藏被发掘，其价值将难以估量，从皇子、皇室成员、贵族、有权势的官员和将军的坟墓中发现的丰富的陪葬品就可见一斑。

宫廷和贵族的奢华表现在生活的各个方面：衣服和珠宝，房子和家具。目前已发掘的唯一一座保存完好的商朝王室墓葬是商王武丁的王后妇好的陵墓。墓中的陪葬品就是那时贵族的生活水平最好的佐证。在周朝和秦汉时期的坟墓中也发现了精美的纺织品和华丽的服装。那些精致的丝质薄纱，上面精细地绣着金和银，针脚细得几乎看不见；锦缎也装饰着漆器和陶

在这把错金银青铜剑柄上，一条长尾盘龙在两棵树之间好奇地探出头来。【东周·战国】

很少有铁带钩能像图中这件一样保留原有的精美程度。这件铁带钩形状略凸，呈矩形，末端为龙头。【东周·战国】

这条来自波斯的华丽金项链，镶满了珍珠和宝石（青金石来自阿富汗，隋朝时期的阿富汗地区归于波斯萨珊王朝治下），是在9岁就去世的隋朝皇室女性成员李静训的脖子上发现的。【隋】

瓷上的图案。龙虎傲然相迎，凤凰在空中逍遥飘逸，兽、叶、花交织成错综复杂的图案。湖南长沙马王堆1号墓出土的珍贵文物中包括了200多件丝织品和服装。马王堆是长沙国宰相轪侯利苍之妻辛追的陵墓。这些织物的经纱和纬纱大约是每平方厘米35 × 100线，而被称为"乘云绣"的织物则多达每平方厘米46 × 100线。织锦用的织布机最多有120个综片。

中山靖王刘胜（卒于公元前113年）和妻子窦绾的陵墓在湖北满城被人们发现，被发现的时候他们身穿珍贵的金缕玉衣。墓中的陪葬品有金、银、玉、琉璃、青铜、漆器、丝绸和陶器制成的数以千计的物品和珠宝，反映了他们高雅的审美品位。

令人遗憾的是皇宫没能在大自然的侵蚀和人类破坏中幸存下来。仅存的几处遗迹和文字材料对皇宫的描写都暗示着它曾经无与伦比的壮丽，使其在与中国交往日益频繁的邻国和中亚各国人民中成为传奇。

史书记载了在富丽堂皇的宫廷中举办宴会的盛况，宾客有数百人之多，还有许多舞伎和杂耍艺人伴着音乐表演助兴。唐朝的舞马十分著名，舞马披着华丽的丝绸和金子，头上系着角，来模仿麒麟；有的背上系着翅膀，模仿凤凰。它们随着音乐迈着有节奏的步子走到房间中央。在那里人们用金杯给它们斟酒，这些受过训练的

左上图　在陕西咸阳附近的一个古墓中发现的这只做工精美的纯金手镯，由两朵花和两颗圆珠形成了扣环。【唐】

右上图　这个优雅的吊坠由一块白玉镶嵌在一个精致的鎏金青铜底托上。两侧是精心雕琢的缠绕的藤蔓叶子、卷须与果实。【唐】

这个金带扣采用了几种不同的金属加工工艺，有一些来自于中亚，比如金银花丝工艺和珠粒工艺。但是复杂的蟠龙浮雕则是完完全全的中国传统。【西汉】

这个发现于法门寺的银茶叶罐有精细的雕刻，上面描绘了户外生活的场景，以及各种动物、鸟类和海洋生物。

马能够用嘴衔住杯子。在 20 世纪 70 年代发掘的一座唐代古墓中，人们发现了一件华丽的鎏金银壶，浮雕图案是一匹跳舞的马，口里衔着一碗酒。

唐玄宗（712—756 年在位）的生日上有许多杂耍艺人、乐师、身披金甲的卫兵、100 匹舞马和随后而来的大象为其表演庆生。皇室拥有大面积土地和庞大的园林，隋炀帝（604—618 年在位）用于冬季骑马的园林占地面积就达 155 平方公里，花园里的树木上悬挂着丝绸制成的叶子和花朵，旨在还原出夏天的氛围。

一些巨资修建的华丽而无用的建筑，

饮茶从唐代开始在中国流行起来。茶与其说是作为日常饮用，不如说是作为一种药。这个银茶碾是皇室的，用来把茶叶碾碎。【唐】

凤衔绶带纹五瓣银盒的盖子上装饰着密集的图案和金质的浮雕，花草、凤鸟和飞雁都被雕刻得惟妙惟肖。这种裂片形状是典型的唐代金匠的工艺。【唐】

长尾凤凰、鸟、蝴蝶、荷花和花环以浮雕或镶嵌的形式交织在一起，组成迷人的几何图案，装饰着这个巨大的金银容器。【唐】

这个银壶的外形很像游牧民族使用的皮制酒壶。鎏金的口衔酒碗的舞马浮雕是在内侧经过模压、捶打而形成的凸纹。

如隋朝的建筑师宇文恺所建的旋转亭一定也十分壮观。根据当时的记载，它可以容纳几百名客人，隐藏在地基中的机械装置可以牵引亭子平稳地转动。许多宾客都认为那是鬼斧神工的造物，有的蛮族看到旋转亭都目瞪口呆，引得皇帝敞怀大笑。

中国工匠的想象力和技能可能在制造奢侈品方面达到了顶峰，比如这对罕见的由错金银的青铜制成，并内嵌贝壳的龟形香炉。【西汉】

这个错金银虎形青铜带钩长约25.5厘米，这个长度的带钩十分罕见。【东周·战国】

然而，在绘画和雕像中的理想女性形象都没有佩戴大量的珠宝首饰。女性的优雅都是通过柔软的长袖衣服来体现的，即使是地位很高、很富有的女性也没有被描绘成穿金戴银的形象。

错银卧牛青铜镇。牛形态自然，栩栩如生，是中国工匠对生活观察入微的最好体现。错银几何纹饰又与现实生活中牛的样子形成巧妙的对比，是工匠们艺术表达的一种方式【东周·战国】

# 战争

《左传》（成书于公元前 5 或前 4 世纪）中有这样一句话："国之大事，在祀与戎。"考古学家发现的很多证据可以证明这一观点。从远古到 20 世纪，数千年来战争不可避免地一次又一次地肆虐在辽阔的华夏大地上，给平民百姓带来了无尽的苦难。在公元

大约 1400 年前，在印度的憍萨罗国，有 500 人反抗波斯匿王的压迫，但都被打败和杀害了。他们史诗般的壮举成为这幅画的主题，这幅画创作于 538 年或 539 年，至今仍可以在敦煌莫高窟第 285 窟看到。[1]【西魏】

---

1　《五百强盗成佛因缘》故事在中国广为流传的版本是说五百强盗作乱，被镇压，施以酷刑，后被佛陀拯救，皈依佛门，修成五百罗汉。但作者坚持这个故事有另一种说法。

上图 这把春秋时期的青铜戈，两面都有四个用优雅的鸟篆体刻写的金字。【东周·春秋】

下图 这些以骑兵为造型的陶器，历史可以追溯到4—5世纪。他们身上的护身甲胄是由金属片和皮革缝合而成的。【北魏】

前6世纪，军事活动似乎和祭祀仪式一样是规律性的，主要固定在每年的特定时间进行。这样一来，军队就不必在不好的季节和恶劣的天气条件下战斗，而且这样的话，士兵在和平时期从事的农业或者手工业也不会受到打扰。

无论是在战斗中还是在胜利时，对待敌人的方式都有明确的规定，每一个指挥官都将其视为一种荣誉准则来严格遵守。当周朝征服商都殷城时，他们没有将城市夷为平地，而是允许商朝的继承人武庚在他们严格的监督下继续统治殷城。这种有原则地、宽容地对待敌人的行为是比较普遍的。

宋襄公就过分极端地恪守上文所讲述的战争原则。公元前638年，宋襄公不顾手下部将坚持不懈的建议，拒绝对暂时陷入困境的敌人发动决定战争胜败的一场进攻。在看到敌人刚刚渡河没有时间来得及形成战斗方阵时，宋襄公拒绝利用这一良机。最终，他的军队遭到惨败，他自己也在战斗中负了伤。

从公元前6世纪到战国时期，为了争夺领土的控制权，诸侯们纷纷改变各自国家的社会和经济结构，以适应战争的需要。军事贵族不再是军队的主要力量，军队实力此时与庞大的步兵军团相挂钩。过往那些能熟练驾驭战车，并恪守"骑士精神"战斗的贵族子弟，已经成为模糊的记忆。

左图 越王勾践剑，剑上的钻石图案是使用硫化铜的特殊技术制作的，这可以防止剑刃生锈。正面有"越王鸠（勾）浅（践）自作剑用"的鸟篆铭文。【东周·春秋】

右图 近年来，人们发现了大量大小不一的武士俑。这些俑像对于服装的历史，制服、盔甲和武器的发展的研究是非常宝贵的资料。【北魏】

中图 在一个经常发生战争冲突并以荣誉为准则的时代，人们在武器制作上使用了很多工艺，也花费了大量金钱。这把青铜剑的柄是玉的，剑身镶嵌着金、银和绿松石。刀的两面都刻有用锤子在低温下锻打而成的铭文。【东周·战国】

战斗部队由 3000 人组成。将军不再讲仁义道德，他们会在战斗中审时度势，军队也由此变得强大。即便是在公元前 5 世纪至公元前 3 世纪，骑兵部队在中国变得普遍之后，商朝时期就出现的战车还一直在军队中占据着非常重要的地位。到了帝制时期，军队的实力得到了进一步加强，皇帝可以同时将数十万训练有素、装备精良的军队在边境上随意调动。

武器变得日益复杂且精密。除了传统的长矛、斧头和戟外，弓箭、弩和剑等武

秦朝的军队至少有七种不同类型的盔甲，最笨重和简朴的由士兵装备，军官往往会装备最轻便的，常有丝带镶边的盔甲。由于发髻复杂，他们不佩戴头盔。【秦】

西安秦始皇陵中成千上万的兵马俑的细节令人惊叹，它们身上的鞋子、衣服、盔甲、发型和面部特征都略有不同。【秦】

器也得到了广泛使用。大约成书于公元前 5 世纪至公元前 4 世纪的墨家经典《墨子》，就详细描述了安装在战车上用于进攻和防御的机械，并解释了能最有效地使用它的方法。盔甲主要是由各种大小的方形皮革拼接而成，十分柔韧，方便士兵灵活行动。胸甲经常被涂上颜料，甚至有时会涂上漆。到了周朝末期，人们也开始用铆钉或绳结连接铁板。秦始皇陵内的兵马俑穿戴各式盔甲和头饰，丰富的细节让这些兵马俑看起来栩栩如生。

随着时间的推移，盔甲变得越来越实用，并且盔甲也开始应用到马匹身上。唐朝的胸甲种类繁多，当时的文献中列出了 6 种金属胸甲和 7 种皮革胸甲。这些胸甲装饰得很华丽，色彩鲜艳，有时在胸前的带子上会装备一块明亮的金属圆盘来反射光线，这样敌

上图 这把青铜戈原本在中间的洞里装着一把木柄，其两面都饰有一个脚踏日月的生灵。它很可能代表太一，一位至高神。人们认为它能战胜邪恶，防止作战失败。【东周·战国】

左下图 在古代有两种类型的头盔：一种是一体式的青铜头盔，没有边沿，能覆盖到的头部面积或多或少，就像这幅图所展示的那样；另一种头盔由铁片缝合而成，能一直覆盖到颈部，在战国时期经常使用。【商】

右图 商朝的兵器有很多造型。图中这一把是钺，表面有三个圆孔，在有的钺上甚至多达七个圆孔。【商】

人就会感到炫目或恐惧。在宫廷接受召见时，贵族武士会穿棉布或者丝绸的服装，不适合战斗但却十分华丽。

在战国时期，关于战争艺术的理论得到了发展，在那时有许多关于战争的论述文章或者典籍出现。其中最著名的就是《孙子兵法》，这是一本公元前5世纪关于战略和政治的著作，至今仍被中国大陆、台湾地区，以及其他东亚国家的军事院校采用和学习。

1972年在山东银雀山发现了一些公元前2世纪的汉代竹简，其中包括一本不同版本的《孙子兵法》和一本《孙膑兵法》，后者写作晚于前者，起初并不为人所知。这些著作和其他著作的发现表明中国古代存在着各种军事战略流派。

跨页图 很早以前，戟就是中国士兵普遍使用的武器之一。它是一种将青铜制成的尖端连接在长木杆上的武器。【东汉】

左上图 中国自远古时期就开始使用弓作为武器，到了商朝开始使用青铜制作箭头，再往后便逐渐开始使用弩。【秦】

左下图 这位马背上的弓箭手正在射箭。这是现存绞胎纹理陶俑两个中的一个，呈现出一种类似木纹的效果。【唐】

右上图 这些饰有银纹的青铜龙首承弓器，是承托弓弩两臂的支架，安装在战车的前端。【东周·战国】

跨页图 这个骑在马背上的弓箭手很有可能正在狩猎。陶像年代可以追溯到汉朝。马的身体被一层淡琥珀釉覆盖，马的头部和骑手则涂上了橄榄绿色的釉料。【汉】

# 中国古代艺术

这尊华丽的"奔马"铜像是一匹天马。公元前 2 世纪汉武帝下令从中亚进口体格健硕的天马（即大宛马，汗血宝马）。【东汉】

# 陶瓷

　　在中国发现的第一件陶器的年代可以追溯至公元前 7 千纪到公元前 6 千纪年之间。在河南、河北、陕西、山西等地的众多新石器时代磁山－裴李岗文化遗址中发现了红色或棕色的陶器。这些陶器质地粗糙，易碎，没经过陶轮加工，由低温烧制而成。其中一些器皿上有压印或拍印的绳纹和编织纹。在同一时期，东部沿海的河姆渡文化用泥条盘筑法制做出了器壁宽厚、形状不规则的黑陶。陶器上的绳纹是直接压在或刻在表面上的，手绘的花纹不是很常见。

这个发现于青海上孙家寨的陶碗内壁，有两组舞者面朝对方，手牵着手。在宗日遗址（前 3900—前 3500）发现的陶碗上也有同样的图案。这说明甘肃马家窑文化的年代（前 3300—前 2050）应予以修正，或承认宗日存在独立文化。【马家窑文化，宗日】

彩绘蟠龙盆。蛇在很早的时候就出现在中国艺术中。神话故事中出现的或多或少具有幻想成分的爬行动物是最神秘的生物之———龙的起源。【龙山文化，陶寺】

三足陶鬶（guī）在新石器时代十分常见，其作用是烧水。图中这件精美的鬶属于山东龙山文化。【龙山】

河姆渡文化、良渚文化和龙山文化都是东部沿海地区的新石器文化，刻划法是这些地区陶器典型的装饰工艺，并一直占据主导地位。公元前5千纪，其他文化也普遍开始使用刻划法。商周时期青铜器上的纹饰就体现了这种技术的发展和进步，只是应用到不同材料上罢了。

在公元前5千纪和公元前4千纪之间，中国西北河谷和其他仰韶文化中心生产的陶器大多使用慢速陶轮，主要是赭色或红色。花瓶和碗的壁更加规则，质地更加细腻，表面的装饰也开始普遍使用手绘。

这一时期大部分作品的特点是笔触遒劲有力。规则、对称的几何图案或花卉图案，与画得更精细的动物或人脸图案交替出现。刻在一些陶器上的标记和符号代表了第一次书写的尝试。

在随后的马家窑、半山和马厂文化中，陶器上的纹饰类型扩展了许多，包括各种弯曲的细线构成的几何图形，有的曲线密集排布成复杂的漩涡图案，有的曲线逐渐展

在红山文化的石筑祭坛附近发现了两个陶塑女性人像，其中一个是陶塑孕妇像。它们可能代表着某种丰产仪式（即祈求人和食物丰产的仪式）的存在。【红山】

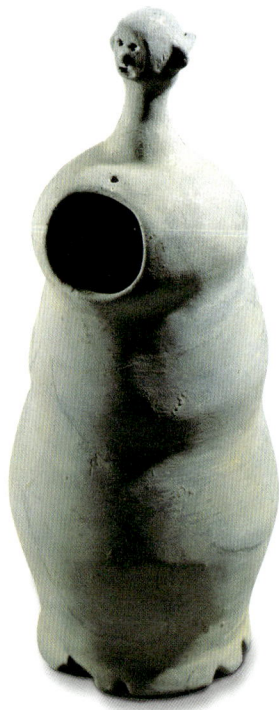

这个有着小脑袋的灰色陶罐于 1990 年在崧泽文化遗址被发现。目前还没有在其他地方发现类似的器皿。【崧泽】

开，构成开口螺旋形状，有的构成圆圈，还有一些对于自然对象的抽象描绘，一些专家解释其描绘对象是花鸟。在这一时期，陶器还出现了拟人形态的装饰和设计。在甘肃和青海发现的陶器十分引人注目，比如，其中一个被发现的陶罐上的浮雕是一个具有人类特征的雌雄同体的裸体生物；在另外一个陶罐上则有一张人脸，其躯干塑造得十分潦草。这些器皿上的形象栩栩如生，好像随时都要从陶器上一跃而出。

在公元前 3 千纪初，陶轮的使用变得非常广泛，出现了制作精良的黑陶或白陶。在大汶口文化和龙山文化的遗址中发现了一些十分精美且形状各异的黑色陶器。陶器的主体没什么装饰，要么就是表面有简单的刻划或者镂孔。它们的壁很薄（有些情况下几乎不到 1 毫米厚），因此被称为"蛋壳陶"。由于这些黑陶十分脆弱，不适合日常使用，所以它们极有可能是在祭祀仪式上使用。

龙山的精美黑陶见证了新石器时代工匠的高超水平。最好的白陶出土于大汶口文化，但在仰韶文化和马家窑文化的遗址中也发现了许多制作精良的陶器。

瓷土最早是在这个时期使用的。对公元前 2 千纪初山东大汶口文化的白陶的分析表明，烧制时的温度约为 1200℃，远高于当时平均水平的 800℃—1000℃。几个世纪后，高温技术使得一项全新技术的发

如图中这样的黑陶器皿凭借其复杂的工艺、优雅的外形和陶土配方的出色品质在新石器时代鹤立鸡群。这种薄而结实的陶器被称为"蛋壳陶"。图中这个黑陶镂孔高柄杯（可能是商代青铜觚的原型）最好地呈现了蛋壳陶精致美观的特点。【龙山】

对于这个陶壶的外观和形象，专家们提出了许多互相矛盾的理论。一些人认为它是一个女人，象征着母系社会，一些人认为它是一个男人，象征着父权结构，而另一些人又将它视为雌雄同体，男性和女性的结合。【马家窑文化，马厂】

该陶壶的形状和对称的螺旋纹饰是典型的新石器马家窑文化陶器的特点，但顶部造型稚拙、五官粗糙的人脸，是比较罕见的。【马家窑文化，马厂】

展成为可能，6世纪时第一批真正意义的瓷器产生了。

根据控制高温和制作白陶的经验，工匠们开始在黏土上涂上一层不透明的材料，使其表面有颜色，这就是所谓的化妆土工艺。覆盖着黄绿色或灰褐色釉面的陶器，被称为"原始瓷器"，产生于公元前16世纪的商代二里岗文化时期。其基本混合材料是含铁少但富含高岭石的黏土（高岭土）。

这些原始瓷器采用泥条盘筑法，饰有绳纹或网格纹，在1200℃左右的温度下烧制。烧制分两个阶段，一个是烧制容器，另一个是烧制釉料。后一种工序可能是偶然发现的，因为起初的上釉过程需要将陶器暴露在窑中的木灰中，木灰在高温下液化，并与陶罐表层的一些黏土成分结合，所以陶面上的釉料总是分布得不均匀。

早在青铜器时代和秦汉帝国时期，釉陶就受到高度重视。釉陶的成功、青铜器不

右图 这个橄榄绿色的原始瓷瓶，肩部饰有几何图案——三条充填着三角镂孔的水平纹饰带，非常少见。【东周·战国】

左图 这个釉陶簋是东周时期典型的原始青瓷。浮雕样式和表面的装饰表明它来自于南方地区。【东周·春秋】

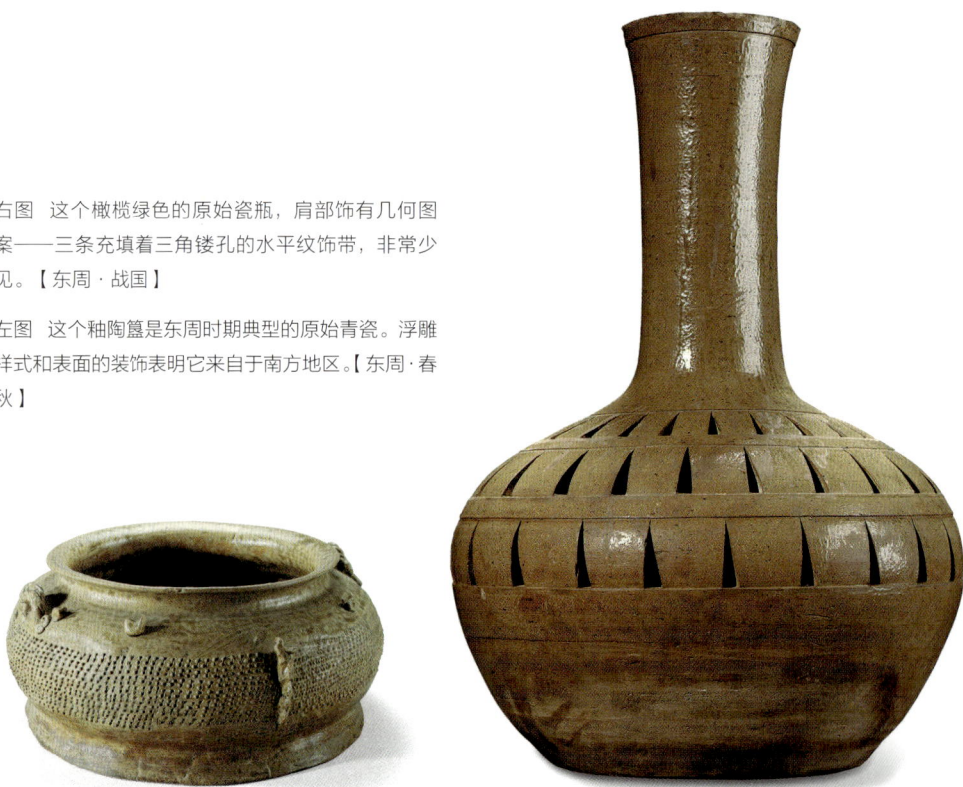

这只上釉的大罐是由技艺高超的陶工用高质量的材料，和相当朴实的色彩、装饰，创造出的造型优美的陶瓷。【西晋】

曾一度含有宗教仪式意义的图案到了后来只是作为纯粹的装饰，例如这个原始瓷鉴（盛水或冰的容器，在铜镜普遍使用前常盛水作镜子使用）上的装饰。它的造型很可能是参照了同时期的青铜器。【东周·战国】

可撼动的地位，以及后来出现的漆器导致了土陶的没落。它的地位下降，只用来生产日常生活用具、墓室装饰、陪葬俑和模型。

到了周朝末期和帝王时期，陪葬品的种类因明器的使用而丰富起来，俑和模型大多是用陶土或木头制作的。它们以仆人、士兵、乐师、舞伎、杂耍艺人或者动物的塑像，取代了用人或者活牲畜陪葬的做法。这些塑像的目的是为了服务死者，满足他们在冥界的需要。建筑模型、乡村、农庄、狩猎和贸易的场景，以及其他微型或原尺寸的日常用具，都设计成死者生前熟悉的样子，以供其死后使用。

到东汉末年，主要在南方地区制造的原始瓷已经达到了很高的工艺水平，并在随后的一段时期内一直保持着这种水平，然后在西晋时期达到了顶峰，因为当时开始使用一种不同的上釉技术。一种液体釉（在烧制过程中变成玻璃状）直接涂在物体的表面，覆盖均匀。利用这种方法，只经过一次烧制就可以完成上釉，并且颜色的强度和亮度也可以精确地调配。以铅釉为基础可以调配出白色、琥珀色、栗棕色或橄榄绿，而铁釉则可以制出绿色。从汉代山西、河南、河北和山东地区出土的器皿中就可以看

这些马俑出土于四川,其中一匹
的颈部是可以活动拆卸的,另外
一匹(右侧两幅图)是一体成型的。
这些马的身高超过 1 米;第一匹
是站立不动的,第二匹是正在小
跑的形象。它们的头部挺立,耳
朵竖起,嘴部张开,仿佛正在嘶鸣,
这些都是汉代彩绘马俑的特征。
【汉】

到各种华丽的铁釉青瓷。青瓷的烧制温度在 1260° C—1310° C，釉面明亮，半透明，与陶土完美结合，均匀覆盖整个容器。

隋朝出现了一种白釉粗陶，敲击时会发出独特的清脆响声，与真正的瓷器非常相似。它在唐朝臻于完善，并在随后的朝代达到其最辉煌的时期。河北内丘邢窑和曲阳定窑的白陶、湖南铜官的釉下彩瓷器、浙江余姚的越窑青瓷等都在那个时期名扬天下。釉下彩多为人物、动物和云雾缭绕的风景画，或者植物、花草、几何图案，以及用不同书法风格写成的诗句和谚语。

多色彩釉在唐朝十分流行，一些最著

这个跪坐着的男人可能是个舞伎或是歌伎，他身上层次复杂的服装和长长的衣袖赋予了他优雅的气质。【汉】

这些漂亮的盒子本是用来装洗漱用品和化妆品的，是某位女士陪葬品的一部分。它们的形状让人想起了汉代常见的装酒的容器——鎏金青铜尊。【汉】

在历史上各个时期，出于成本的考虑，人们会使用陶器来仿制青铜制作的花瓶。从东周开始，在陪葬品中使用仿制品的做法已经变得十分普遍。图中这个壶就是在这个目的下制作的。【西汉】

使釉料在陶器的主体滴下从而使底部不会上釉的技术在中国一直很流行，后来这项技术传入了日本和其他东亚国家。【汉】

名的文物就是用三色铅釉（唐三彩）技术装饰的，包括各种形状的罐子、盘子、杯子和碗。

陪葬俑塑造的都是想象或现实中的人物，如优雅的女士和威严的官员。其他还包括士兵、坟墓守卫、外国人、酒贩以及驮着商品的骆驼商队和拥有华丽马鞍的骏马，这些陶俑现在已经举世闻名。

人们将深色调的蓝色、黑色、绿色和琥珀色组合在一起，创造出华丽精致的色彩效果。虽然这看上去是让釉料随意流淌产生出来的不可控产物，但实际上需要极高的技巧，是十分精细的工艺，需要在上釉时充分考虑到各种可能的烧制结果。

据传说，由于缺少雄性龟，雌龟便与蛇交配。龟和蛇都是由北方之神真武大帝的内脏变来的，他们的交配象征着和谐与幸福。【北魏】

黄牛和水牛在中国人的生活中扮演着非常重要的角色。它们不仅用于农活和运输货物，也负责给贵族和官员拉车。【北齐】

白瓷堆花高足钵表面覆盖着一层灰白色的釉。花瓶的形状和圆形浮雕、花朵和莲花花瓣的装饰显示出波斯和斯里兰卡对中国艺术的影响，也反映了当时大唐的国际化品位。【唐】

青釉堆塑谷仓罐分上下两部分，上层有楼阁、飞禽、跪俑，下部为一罐，通体施青釉。【西晋】

唐朝的陶匠是制作"唐三彩"陶器的大师，三彩是由含有金属氧化铁（可呈现出从琥珀色到褐赭色之间的各种颜色）、氧化铜（叶绿色）和氧化钴（蓝色）的透明釉搭配在一起制成的。【唐】

唐朝的陶匠也使用铅硅酸盐来制作各种深颜色的单色釉，这些釉不规则地滴在陶器上，釉料只覆盖陶器的一部分。这里展示的小瓶就是用这种技术制成的。【唐】

跨页图　这种供祭祀使用的盘子的装饰是通过一种特殊的技术制作的：中心的图案是在湿陶坯上雕刻而成的，这样一来就不会破坏釉面，从而丰富了整体的色彩效果。【唐】

将不同颜色的釉料组合在一起会产生无数惊人的可能性，通常这种混合是随意的，以创造一种自然、即兴的效果。虽然这些颜料的组合看似很随性，但实际上唐三彩技术需要极高的水平才能完成。【唐】

唐代陶匠的想象力和技艺是无与伦比的，这款珍奇的猛禽形状的陶壶就证明了这一点，三彩釉使其变得更加栩栩如生。【唐】

左图 秘色八棱净瓶，这个华丽的橄榄绿的瓶子于
1987 年在法门寺的地宫中被发现，它的发现证明
了秘色瓷的存在。之前，秘色瓷只在文献中有记载，
未曾发现实物。【唐】

右图 这个釉料浓厚的壶强烈地反映了萨珊波斯对唐
代美术的影响，以至于这个陶瓶看上去不像是中国
生产的。【唐】

上页图 白釉双龙耳瓶有着华丽的龙形柄，其设计灵
感来自中东文化的典型器型，很有可能受到了波斯
金属器原型的影响。【隋 / 唐】

各地出土的成千上万的彩绘陶俑塑造出了仆人、乐师、舞伎、士兵、贵妇、打马球的贵族，以及各种各样的动物形象，尤其是大宛马和骆驼。【唐】

在唐朝，朝廷颁布了一项法令，该法令规定必须根据死者生前的身份和地位来决定其陪葬品的规模和大小。【唐】

中国的文学家常常把大宛马称作"汗血宝马"。这些战马是强悍的帝国军队的基础，它们在唐朝开疆拓土的战场上发挥了至关重要的作用。【唐】

左图 上釉的陶仕女俑古朴大方，发型轮廓柔和，衣着典雅，体现了唐代艺术精致的特点。【唐】

右图 据传说，当容貌美丽、身材丰腴的杨贵妃得到了皇帝宠幸之后，体态丰满的女子开始受到欢迎。【唐】

上页左图 有一个这样的故事：一朵梅花从树枝上掉落了下来，落在了一位正在树荫下睡觉的公主的额头上，并留下了一个美丽的印记。公主的侍女们以为公主是为了好看而故意为之，便开始纷纷效仿。这就是唐朝点面靥、贴花钿的由来。【唐】

上页右图 隋唐时期的宫廷时尚是非常优雅的，正如这个苗条的塑像所展示的那样：精致的长袍、长长的垂袖和精致的发髻。【唐】

上图 镇墓兽有着怪物的头，人类或者动物的身体特征，躯干上长着大大的翅膀和强壮的蹄子。【唐】

下图 骆驼，唐代工匠最喜欢塑造的形象之一。图中这个骆驼高83.3厘米，身驮补给之品，即将启程。它似乎看上去有些不耐烦。【唐】

下页左图 唐三彩天王俑，天王身穿铠甲，威风凛凛地站在一只横卧的牛身上。这个形象在唐朝十分著名。【唐】

下页右图 凶猛的镇墓兽长着特别精致的犄角和翅膀，有些地方能看见鎏金的痕迹。【唐】

跪拜俑。根据宫廷礼仪，跪着，双手并拢放在身前，表示谦卑和尊重。所有被允许觐见皇帝的人，包括外国使节必须这样做。这个彩绘陶俑饰有黄金纹饰，塑造了一个宫廷里有教养的人。【唐】

# 玉器

几千年来，玉在中国文化中一直享有盛誉，受人推崇。早在新石器时代晚期，这种珍贵的"山川之精华"就受到人们珍视，成为宗教和政治权力的象征之一。玉被祭司们赋予了神秘的巫术－宗教力量，被视为是沟通天人的媒介。

中文里的"玉"指的是两种外观相似但化学成分不同的矿物质，软玉和硬玉（称真玉），有时也指表面非常光滑的石头（假玉或伪玉）。

西方文化的术语使用的 nephrite（软玉）和 jadeite（硬玉／翡翠）这两个词源于这些半宝石可以治疗肾病的一种信念。西班牙人第一个将玉从美洲带回欧洲，并称其

良渚文化兽面纹：一个身穿礼袍的人（很可能是一个萨满），把手放在一个奇异怪物大而圆的眼睛上。根据一些专家的说法，这可能是商周青铜器饕餮纹样的原型。【良渚】

这块玉琮呈长方体，中间有圆柱形孔洞贯通。在新石器时代的坟墓中发现了许多这样的玉器。这种玉器的四角和侧面经常雕刻着兽面和人面图案。【良渚】

玉猪龙，这块红山文化的小青白玉上雕绘了猪龙，有人认为它是真正的龙的前身。它有一个卷曲的身体和猪的鼻子，猪在新石器时代的祭祀仪式上经常被献祭。【红山】

红山玉龙，这个深绿色玉坠塑造的形象是中国迄今发现的最古老的龙形象。线条流畅、纤细的身躯呈现环状，背上有着长长的羽冠，末端好像是一对小翅膀，给人一种充满活力的感觉。【红山】

为 piedra de los riñones，被拉丁化为 lapis nephriticus（"肋腹石"或"腰石"），或 piedra de ijada（玉）。软玉是钙、镁和铁的硅酸盐，而硬玉是钠和铝的链状硅酸盐与其他元素的化合物。

软玉的颜色从白色到棕绿色不等。中国人将最昂贵的一种半透明的软玉称为"羊脂玉"。硬玉的颜色从乳白色到绿色不等，但根据铁、铬或锰含量的不同，硬玉的深浅色调还会有其他变化。有时一块玉中会有许多不同的色调同时出现。而各种绿色是最常见的颜色。在新石器时代晚期和前帝制时期人们只知道软玉，而且软玉基本上都是在当地的资源开采中发现的。

玉是世界上最难加工和雕刻的石头之一。在衡量材料硬度的莫氏10分制中，软玉为6.5，硬玉为6.75。即使钢也不足以切割和雕刻玉，但新石器时代的中国工匠却

镶绿松石玉簪。在新石器时代和青铜器时代的古墓中发现了许多玉器或骨器。这个发簪的下端是青玉制成的竹节状的簪体，上面有一块用绿松石点缀的精雕细琢的白玉牌。商朝王后妇好的随葬品中有 527 件这样的饰品。【龙山】

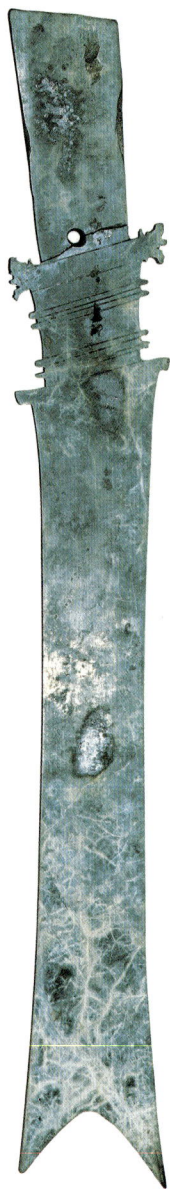

在中国，最初的玉剑跟新石器时代的石刀和玉刀是一脉相承的，主要用于祭祀或葬礼。虽然它们的形状因地而异，但有两种主要类型，即戈和璋。这里展示的是玉璋。【公元前 12 世纪】

玉螳螂。这个黄褐色的螳螂玉坠是王后妇好众多的陪葬品的其中之一，她的坟墓于 1976 年在安阳被发现。在发现的 755 件玉器中，有大量的人物和动物雕像。【商】

考古学家发现了许多小而精致的新石器时代和商代玉雕，比如这只只有几厘米高的猛禽。这些玉器作为身份和地位的象征，常被挂在衣服上。【商】

这个罕见的面具由 16 个独立的玉块组成。面具上的人物鼻子扁平，鼻翼宽阔，还有杏仁形状的眼睛。每块玉的背后都有一个孔，这样就可以将它们系在一起形成面具。【西周】

已经能够熟练地使用比玉更坚硬的砂石磨料处理玉了。他们肯定使用了石英岩（7—7.5）和石榴石（7.5）。一些研究人员最近表示，他们也使用了带有金刚石（10）尖头的工具。在一些龙山文化的新石器时代古墓中发现的鲨鱼牙齿也可能用于这个目的。在处理的时候，木头、竹子、石头、皮革和肠线制成的钻头、锥子和锯子与玉块上的磨料一起使用。后来才使用金属工具，但仍然只是与研磨膏结合使用。

　　最古老的玉器是在河姆渡文化的直系分支——南方的青莲岗文化遗址中发现的。

玉卮杯。这个雅致、半透明的淡绿色玉杯由和田玉制成，杯盖上有一个典雅的五瓣柿蒂形的盖钮。这个杯子上精细地雕刻着卷云纹和勾连雷纹。【西汉】

公元前 3600 年—公元前 2000 年，在辽宁至福建的东部沿海地区，也就是红山、良渚和山东龙山文化中，玉石工艺达到了极高水平。最近挖掘的两处红山文化遗址，东山嘴遗址和牛河梁遗址（都位于辽宁省），发现了两个大型的宗教建筑群，包括石头结构的建筑和仪式祭坛。在一些红山文化的古墓中发现了许多精美的玉器，包括玉环、勾云玉佩和拥有最古老的龙形象的玉器。龙是神话中的生物，在后来的几个世纪里，工匠和艺术家们经常将龙作为创作对象。在辽宁建平发现的龙形玉器（玉猪龙）造型非常风格化，身体蜷曲，头部酷似猪（猪是主要的牺牲供品，用于祭祀）。

良渚文化的玉雕工艺达到了很高的水平，其制作的器物具有越来越多的象征意

犀角形玉杯属于南越国的第二位统治者赵眜（前 137—前 122 年在位）。其颜色纹路深浅从淡绿色到棕色不等，由一整块玉石加工而成。其雕刻和装饰采用了各种技术：凹雕、高浮雕、浅浮雕和线刻工艺。【西汉】

玉虎，象征着勇气和力量。老虎经常被雕刻在吊坠、珠宝和墓砖石上，因为人们相信它可以辟邪。【东周·战国】

透雕夔龙黄玉佩的精致与大多数玉璧的简洁形成了鲜明的对比。三条龙围绕中心环排列，虚实交错，给人一种优雅、灵动的感觉。【东周·战国】

铜承盘高足玉杯。南越王赵眜的墓中出土了大量的玉器，其中就包括这件稀有的组合而成的玉杯。三只金头银身的龙从铜承盘的边缘升起，用嘴衔住一朵花形的玉杯托。花的中间置有一个饰有花卉纹和谷纹的玉杯。【西汉】

义。墓葬中有完美打磨过的斧钺，斧刃没有磨损痕迹，还有大量的玉璧——薄而光滑的圆环，大小不一，中间留孔。琮（是后来起的名字）的用意目前还未知，外形为长方体，中间有圆柱形的孔洞，琮的角落经常雕刻着兽面和人面图案（有些人认为那代表着太阳神）。

近 3200 件玉器在浙江反山的 11 座坟墓中被发掘出来，其中一座墓就出土了 511 件玉器。这些陪葬品（90% 的陪葬品都是玉器）的发现，表明了当时存在着一个等级森严的社会，社会被手握政治和宗教权力的统治者掌控。这些统治者还控制着大量的人力和物资，这些资源可以用来制作即使在死后也不可剥夺的象征着地位、权威和财富的物品。

随着时间的推移，玉器也开始有了其他的用途。在商朝妇好墓中发现了 755 件玉器，是迄今发现的最大的玉器出土点，这些玉器中的一半仅有装饰作用。西周时期，人们开始使用覆面和组玉佩将死者覆盖起

透雕双龙高钮谷纹白玉璧。在玉璧上加上一对透雕的双龙装饰的做法在汉代变得很普遍。【西汉】

双联玉璧。这个形制少见的玉器由两个相连的玉璧组成，出土于南越王赵眜的墓中，发现于玉敛服（给逝者穿的衣服）的脚旁。虽然它很可能和放置在死者头部的玉璧有关，但目前其功能仍不清楚。在其他任何含有玉衣的墓中都没有发现类似的物品。【西汉】

来的做法。人们将精雕细琢的玉器缝合在丝绸上作为面罩使用，而挂在胸前的组玉佩则系在一起，组成一种类似项链的物品挂在颈部，这样一来脖子到膝盖就会被覆盖住。

组玉佩在生前是地位的象征。人死后，人们则将死者全身穿上丝绸，再覆上组玉佩。这种丧葬习俗从良渚文化发展而来，并盛行于公元前1千纪。几乎在周朝统治的所有地区都发现了使用覆面和组玉佩的情况，在汉代的墓葬中也有发现。相比于装饰作用，覆面的宗教用途更加重要。就和汉朝的玉塞一样，人们把这种玉塞插入死者的孔窍来保护身体，以便让灵魂继续存活下去。

在汉朝，人们认为玉有神奇的力量，甚至会用玉来制作整套的衣服。在河北满城发现的中山靖王刘胜和他的妻子窦绾的金缕玉衣举世闻名。它们分别由2498块和2160块不同大小和厚度的玉片组成，用金线将玉片缝在一起。在中国其他地方也发现了用半宝石和琉璃等材质制作的类似衣物。

从汉代开始，玉越来越多地用于制作豪华的装饰品。制造技术和使用的装饰图案经过了几个世纪的发展，工匠运用了越来越多的工艺，创造的艺术作品越来越逼真。几个世纪以来，中国人一直对这种高贵的石头怀有崇敬之情，在他们悠久的文明历史中，玉一直享有着特殊的地位。

南越王组玉佩，由玉和珍珠打造而成，属于南越王赵眜。他在生前就佩戴这个饰品，在死后其摆放在他的胸前。玉组佩长度和重量迫使贵族们以庄严的步伐行走，以强调他们的地位和权威。【西汉】

# 青铜器

可能中国古代最重要的艺术表达就是通过青铜礼器来完成的。没有什么能比商周时期的礼器更能体现中华文明的辉煌和典雅。考古学家认为，中国的青铜器制作比亚洲西南地区要晚，这使得一些研究人员认为冶金工艺不是中国人自己发明的，而是从其他地方引进的。由于世界上并没有同时开始使用铜和铜合金，某些创新可能从一个文明传到另一个文明，甚至跨越了很远的距离。另一个似乎合理的假设是，人类历史上的一些基础发明都是各个文明在不同时间、不同地点独立完成的。中国的青铜时代虽然来得比欧亚其他地区稍晚一些，但近期考古发现都加强了本土独立发展的理论。

中国冶金的历史开始于新石器时代。据一些考古学家推测，中国现存最古老的金属物品是1973年在陕西省西安市临潼区姜寨发现的一个神秘的半圆形黄铜制品，可以追溯到公元前4700年（仰韶文化）。第二年在同一遗址出土了一个小黄铜圆筒，其作用目前尚不清楚。中国迄今发现的第一件青铜器是1975年在甘肃东乡林家发现的一把小匕首，可追溯到公元前3000年（马家窑文化）。并不是所有的研究人员都认同这些文物的时间，但是，在甘肃齐家和火烧沟文化出土的文物的真实性是不容置疑的。迄今，在齐家文化出土文物60余件（以铜器为主），火烧沟文化出土文物200余件（以青铜器为主），这些文物包括镜子、珠宝、武器、工具和各种器皿。龙山文化遗址中发现的一些用来冶炼矿石的坩埚和其他小型装饰性铜器可以追溯到公元前2千纪末。但从夏朝开始，尤其是商朝，中国的工匠才掌握了制造青铜的技术知识。

简单的金属制品在新石器时代的各个地区都有发现，有的地区相隔几百上千千米。这些零星的发现只能获得一些当时金属加工工艺的碎片信息。但是在有新发现之前，至少能据此窥见当时冶金工艺的情况。

几个世纪以来，青铜器（主要是器皿，但也有武器、乐器和小装饰品）几乎只作为宗教和祭祀仪式上的礼器，实用性不是其目的。其他材料制作的物品才作为日常和农业生产需要的工具使用。

此外，有趣的是，从最早的器皿制造开始，中国工匠使用了基于块范法的铸造工艺，而不是亚洲西南地区常用的锻造工艺。这种工艺在古代世界是独一无二的，很可能是因为金属矿藏丰富（浇铸需要大量的金属矿石），且当时拥有能够达到相当高温度的大型窑。在新石器时代烧制陶器所积累下来的技巧和经验，被完美地应用到耐高温陶范的制作上，这样的陶范才符合浇铸工艺的要求。从此陶器尊贵的地位被青铜器取代，转而成为日常使用的器皿。

基于块范法的各种铸造和装饰技术在

司母铜方壶。商朝的青铜器上有各种纹饰，如某些动物、鸟和龙首之类的纹饰。其中有些纹饰是圆雕，有些纹饰的边缘是凸起的棱，有些排布成密集的几何图案，还有些是兽面纹样。【商】

在商朝，爵是在各种仪式上用于饮酒的器皿。在贵族的墓中通常会有几十个，代表了死者生前的地位和威望。在商朝妇好墓中发现了40多尊爵器。【商】

长流爵，这尊爵器上有长长的流槽，三足支撑，是目前已知的最古老的铸造青铜器之一。它的外形灵感来自于新石器时代的陶器。这一时期的青铜器仍处于初级阶段，很少或没有装饰。【二里头】

四羊青铜方尊展示了商朝外围地区工匠卓越的技术水平。制作它的南方工匠虽然在美术风格上受到了商朝的影响，但在复杂的装饰图案上表现出了出色的独创性。【商】

人面青铜鼎，商周时期的青铜器很少用人像来装饰，而这尊方鼎侧面的人面装饰让它显得与众不同，展示了当时南方工匠独特的创造力。【商】

中国持续使用了 1000 多年，至少直到公元前 5 世纪才开始使用失蜡法，但它从未完全取代块范法。我们似乎可以确定，在公元前 5 世纪之前失蜡法在中国还不为人知。这一推断也为冶金工艺本土起源的论点提供了支持。

此外值得一提的是，前帝制时期的青铜器数量庞大但刻画人像的寥寥无几，直到佛教传入中国这一点才得到改变。

在夏朝的二里头文化时期，青铜器奠定了它的祭祀功能并延续了几百年。除了如锥子、钻头、鱼钩、钺、戈、箭头这样的简单工具和一些乐器，最早用于盛放食物和酒这些供品的青铜器皿也出现了。为数不多已经发掘出土的包括爵、斝和盉这些液体容器，还有盛食物用的鼎与鬲（lì）。这些器皿，毫无疑问来自陶器原型，仍然相当粗糙，几乎完全没有装饰。

这种用块范法进行铸造的复杂技术表明，金属加工工艺在此之前有很长一段时间的发展，考古学对此仍然一无所知。研究者对某个青铜器进行了化学分析，结果表明其合金存在非常精确的铜锡配比（铜 92%，锡 7%），这证明了当时的制作者具有出色的开采、精炼和加工矿石的经验。

从夏到商，虽然对陶范的依赖还很严重，但青铜器的制造取得了相当大的进步。从二里岗文化遗址出土文物中可以辨认出的数千件早商青铜器，比时间更早的二里

青铜兽面纹壶，饕餮纹结合螺旋状的雷纹和相互交织的
鸟纹和龙纹覆盖了整个容器的表面。【商】

饕餮纹和滚动的螺旋纹样覆盖了这个罍（léi）的表面。
【商】

头文化的青铜器更精致，有丰富的动物形象装饰和风格化的兽面图案。

掌握宗教和政治权力的统治者拥有大量的青铜器，这显示了他们占有的巨大财富和对青铜器的偏爱。青铜器皿的种类变得更加多样，形状超过 20 余种，但这也只是青铜器丰富形制的一角。用于盛液体的容器有很多，如壶、瓿和盘。用于装食物的容器是簋（guǐ），用于蒸食物的是甗（yǎn），其中最具特色的四足方鼎是由三足的圆鼎发展而来的。

1974 年，在郑州附近发现了两件工艺精湛的大型方鼎，可能在宫廷内部使用。它们表面的铸造痕迹显示了制作的各个阶段。首先，把手是用双范合范铸造的，然后是平底的鼎身，最后是腿，使用两个外范和一个内范合范浇铸而成。

古人掌握了这一复杂技术，使得他们能够制作出种类繁多、精美绝伦、尺寸惊人的物品。首先复制要铸造的器物原型，制成泥模，然后在泥模上再施上一层陶泥（制成外范），并分成几块（块范）。至于怎么拆分，要视制作的器皿类型和纹饰来决定。接着在块范的边缘用榫卯连接，确保块范的完美接合。之后需将最开始的泥模刮去一

这是一件有菱形图案的簋。在商朝祭祀仪式上很少使用，但在周取得权力之前，簋是他们经常使用的礼器。【西周】

点厚度，制成内范，使内外范之间形成间隙。内外范间隙的厚度决定了浇铸器皿的厚度。然后将内外范组装起来，小的金属垫片需放置在内范和外范之间，以防止两范接触或空隙发生变化。

青铜器的装饰并不是在铸造出的成品上完成的，而是在铸造过程中就完成了，因为工匠会将装饰图案雕刻在外范的凹面上。在二里头发现了陶范的碎片，有的纹饰简单，有的纹饰复杂。在二里岗也发现了类似的陶范，但数量更多，保存得也更完好。

后来，工匠们采用了和之前相反的技巧，先将纹饰雕刻在内范上，再将纹饰压印在外范上，以便实现浮雕设计。这些技术是中国冶金所独有的。直到公元前6世纪，随着镶嵌技术的引入，铸造后的成品器皿才可以进行装饰。

并不是所有的器皿都可以一次铸造完成。一些形状复杂和有装饰需求的器皿则要分开单独铸造然后组装（上文描述的方鼎就是很好的例子）。精细的附件，如某些类型的把手和浮雕装饰，在第二阶段铸成并直接加在器皿上。其表面留有卯口或突出的榫头，以保证附件和主体完美接合。工匠们也会使用与之相反的流程，首先制作附件，主体部分之后再铸造。大部分情况下，接口是浇铸而成的，很少使用焊接或者铆接。

器皿的造型和纹饰是紧密关联在一起的，并取决于所使用的工艺技术。大多数商代器皿的纹饰都是由对称的区间组成，因为在铸造时，需要掩盖块范之间竖直的接合处可能产生的瑕疵。虽然这种对称装饰是当时的主流，但是商朝的工匠们还是可以制作出没有分区间的、非对称的纹饰带的，如殷墟晚商文化时期开始制作的精美的兽形

上图 一些学者认为，这个青铜纵目面具代表的是蜀国的第一任国王蚕丛。在古代传说中，他有着大耳朵和突出的眼睛。公元前2千纪末期，蜀国开始繁荣昌盛起来。【公元前12世纪】

下左图和下中图 1986年，在三星堆的两个祭祀坑中发现了54个大小不一（13厘米到50厘米不等）的青铜人头像。考古学家根据他们的发型和头饰将他们分为四种类型。他们被认为是完整雕像的一部分，尽管没有发现身体部分的踪迹。其中两个青铜人头像部分覆盖着金箔。他们可能是皇室的祖先或者神灵——或者两者皆是，就像商朝一样。【公元前12世纪】

下右图 在三星堆发现的这尊青铜立像是唯一已知的青铜时代的大型雕塑。此人身份不明，可能是神、统治者、萨满或宗族首领。事实上，这些猜测并不相互排斥：他的皇冠形状的莲花象征着太阳——神圣和皇室的象征。【公元前12世纪】

兽面纹铜鬲，这件带盖的三足器皿装饰着三只大眼睛饕餮。【商】

卷体夔龙纹蟠龙盖罍，一只长角的夔龙盘在这个华丽的酒器的盖子上，怒目圆睁，这个器皿可以追溯到公元前 11—前 10 世纪。【西周】

觥和尊。

　　二里岗文化的食器和酒器壁较薄，大多数仍然是平底的，而三足器则由锥形的腿支撑。这时的纹饰非常简单，但已经出现云纹和象征雷电的螺旋纹样，也首次出现了一些珍禽异兽的图案。夔（kuí）龙是最具代表性的一个，传说夔龙有着一双巨大的眼睛，怒目圆睁，它是商代器皿上发现的最具代表性、最神秘的图案。夔龙在宋代（960—1279）称"饕餮"，它通常正视前方，眼睛突出，身体两侧对称，爪足平行于身体，尾巴向上卷曲。从另一个角度看，饕餮纹似乎是由两只怪兽组成的，可能是夔龙，它们面对面，所以每只夔龙只能看到一只眼睛。而这些突出的眼睛散发着强大的催眠力。有学者认为这一题材来源于新石器时代良渚文化玉器上的大眼睛面具，但这一理论并没有被普遍接受。

　　公元前 1300 年左右，商将其都城迁至殷，即今天的安阳。在安阳和周边地区发现的遗址证明了当时存在一个高度发达的社会和宗教组织，大量出土文物、庞大的建筑地基以及华丽的皇家陵墓都可以作为证据，这是之前任何一个时代都无法与其媲美的。

这两尊青铜卣（yǒu）的盖子上刻着六字铭文，铭文指出这两尊卣由西周初期的工匠伯格打造。它们的装饰工艺都极为复杂，既采用了浅浮雕也使用了羊头、牛头作为装饰。【西周】

在这一时期，由于工艺的发展和贵族对礼器和陪葬品的需求日益增长，再加上当时的政治稳定，青铜器制造达到了突出的技术水平和艺术高度。在殷墟附近发现了许多铸造厂的遗址，最大的一家占地达 5000 平方米。这说明当时的青铜器是大规模生产的。

商王武丁（前 1250—前 1192 年在位）的陵墓是商朝唯一完好无损地保存了 3000多年的王陵，在其中出土了 1800 多件陪葬品。其中青铜器就多达 466 件：195 件礼器，271 件武器、钟、装饰精美的镜子和各种工具，总重 1600 千克。大部分青铜器是酒器（93 件瓤和爵），还有一对令人印象深刻的方鼎（高 80 厘米，重 120 千克）和一些形状奇特的器皿——用于盛酒的方形容器方彝（yí），烹饪用的甗，还有一件有三足蒸煮用器皿。

许多殷墟时期的商代器物的典型特征是厚重、气势磅礴的外观和丰富的装饰。后母戊鼎是目前发现的最大方鼎，其高 133 厘米，重 875 千克，外形与在妇好墓出土的方鼎类似。据估计，为了制作后母戊鼎，大约需要 3000 名工匠同时使用至少 700 个坩

银首人俑铜灯，这盏不同寻常的灯再一次体现了中国青铜器工匠的艺术水平和创造力。它的造型是一个仆人抓着两条蛇。这个人的头是银制的，眼睛是两块黑色的石头。他的青铜长袍保留了黑红色漆器上常有的云纹和螺旋形纹样的痕迹。【东周·战国】

这件造型雅致的嵌绿松石铜方壶的形状和装饰都反映了周朝中期出现的新趋势：青铜器失去了以前的象征和仪式意义。【东周·战国】

坩来制作。熔化的金属必须很快地注入陶范中，以防复杂的操作完成之前金属凝固。

商代的青铜器做工精良：器壁较厚，形状也有很大的变化，且产生了新的器型。纹饰变得更加复杂和精致，并倾向于覆盖整个器皿的表面。几何形状的雷纹（回纹）开始出现，还有不同形式的螺旋、云彩、钻石、三角形，以及叶子和花朵的纹样。

描绘的动物种类也越来越多，如虎、牛、蛇、鱼、鸟、龟、蝉、蚕，以及包括夔龙、龙和凤在内的珍禽异兽。然而，饕餮纹还是占据了最重要的地位。还有另一种常见的龙纹样，中心是龙的一只巨眼，似乎展现的是龙的侧面。它们常常瞪大眼睛，夸张地张大嘴，仿佛要发出可怕的吼声。有时它们被雕刻成圆雕（完全立体的雕塑），仿佛要从容器上钻出来。有时候青铜器也有人面纹。商代晚期的一些青铜器上都刻有简短的铭文，标明主人的氏族或祖先的名字。商末人们还开始在器皿上标注这些器皿铸造的契机。

一些专家认为，商代青铜上频繁出现的兽形图案是有意设计成具有巨大视觉冲击力的装饰元素，目的是为了让旁观者因其威胁性、恐怖的外观而产生恐惧和敬畏心。另一些人则认为，鉴于艺术、宗教和政治之间的密切联系，这些图像在很大程度上具有慰藉神灵的意味。这些动物和神兽被认为是强大的盟友，萨满祭司用它

动物形状的祭祀酒器相当常见，比如这个精美的错金银云纹青铜犀尊。【西汉】

错金银铜犀牛屏风座，以强大动物为造型的器皿和香炉，通常用华丽的金银错工艺来装饰，展示了战国时期和秦汉帝国青铜匠人的多才多艺。【东周·战国】

跨页图 错金银四龙四凤铜方案座。龙和凤是中国代表性的神兽，其形象很早就构想出来了。龙凤缠绕在一起，形成了这个独特的错金银青铜方案。人们认为龙和凤象征着繁荣和好运。【东周·战国】

下图 青铜神兽是使用失蜡法制成的青铜器。它是某种乐器（很有可能是鼓）支架的一个部件。其丰富的表现力和卷曲的长舌是南方楚国艺术的典型特征。【东周·春秋】

右图　贮贝器。这个鎏金的骑士很可能就是死者本人，他立在容器盖子上的一群牛的中间，高高在上。这件青铜贮贝器具有典型的滇文化特色。【西汉】

们与神和住在另一个世界的皇室祖先的灵魂交流。两个世界的沟通需要通过一个复杂的仪式来完成。在仪式期间，萨满会随着鼓声和青铜钟声唱歌跳舞，然后献上祭品，进食和饮酒，直到他们达到一种恍惚的状态，然后他们会骑上神兽到达另一个世界，与神明和先祖的灵魂交流。

因此，铜器上描绘的神兽代表了萨满到达天界的方式，使他们能够跨越人与灵界的障碍。因此，是这些神兽的作用，而不是它们可怕的外表，引起了旁观者的敬畏。

最近在中国南方地区发现的一些公元前 13 至公元前 11 世纪的青铜器表明，当时该地区存在着不受商文化直接影响的发达青铜文化，这些地区铸造的青铜器皿的风格是完全独立和原创的。1989 年在江西新干县大洋洲乡发现了一座公元前 13 世纪的古墓，里面存放着大量陪葬品，其中包括 450 件青铜器（50 多件器皿、4 口钟和各种武器、工具）、356 件陶器、150 件玉器和其他各式各样的物品。

1986 年，在四川广汉附近的三星堆，两个公元前 12 世纪的祭祀坑中发现了 900 多件由金、青铜、玉、石和陶制成的物品。这些物品在填埋前经过粉碎和焚烧，这种做法是很少见的。这些出土文物证明了一个高度发达的文明的存在，因为以前在文献中对这些文明并没有记载，所以我们对此几乎一无所知。除了与湖南地区纹饰风格相似的青铜礼器之外，还有一些非常大的树形青铜雕塑（其中一个高达 4 米）和 20 个风格迥异的奇特面具，有着醒目的耳朵、巨大的眼睛、凸出的瞳孔和鼻翼弯曲的奇怪鼻子。还有几十个巨大的人头像，有些上面覆盖着金箔，还有一个非常与众不同的人物，可能是萨满，站在一个很高的基座上，总高度达 262 厘米。

在前帝制时期，这种类型的青铜人像极为罕见。历史文献资料中曾记载，在三星堆文化的 1000 年之后，秦始皇为了庆祝统一大业的完成，也铸造过这种巨大的人像，汉朝也有几位皇帝效仿，但这些人像一个都没被发现过。而且神秘的三星堆雕塑比上文提到过的未曾被发现的雕塑也早出了若干世纪。而到 4 世纪，中国受到佛教文化影响才开始制作青铜人像。

西周时期，由于单范铸造工艺的使用，铸造厂的数量成倍增加，使得大规模生产容器成为可能。因此，青铜器的生产数量远远超过了商朝。在周早期阶段，青铜器的风格还是主要延续商的特色，周文化独有的元素使用较少。但是随着时间推移，曾经严格用于祭祀或仪式的器皿逐渐有了新的功能，越来越频繁地用于纪念目的。每当有重要的政治事件，天子的册封或赏赐等事情发生时，人们就会铸造器皿纪念，这样就能示之于先祖，并传给子孙后代。

受到某种商朝未曾有过的道德观念的影响，西周新的仪式习俗让饮酒的需求大大减少，这就导致了以往在陪葬品中占据主导地位的器皿和酒杯在墓葬中的数量越来越少，并逐渐消失。另一方面，炊器的数量增加了，尤其是鼎；用于储存食物的器皿的数量也在增加，尤其是簋，而且它们在形状、大小和装饰上有许多变化。这一时期也出现了一些非常著名的器型，如有着四条刀刃形宽足的爵，还有鼎、尊、卣和觯（zhì）也出现了动物形状的新造型。盂、盘和鉴有着各式各样的造型，食器如簠（fǔ）、盨（xǔ）和匜（yí）在这一时期也开始出现。乐器方面，镈（bó）和铃相继出现，铙（náo）被甬（yǒng）所取代。人们将甬用钩挂起来，开口朝下，而在之前使用的铙则固定在一种专门的支架上，使其开口朝上。

饕餮纹在周初期非常流行，但逐渐失去了人们的追捧，取而代之的是一些其他的装饰纹样，比如鸟纹，通常有着巨大头冠和长长的尾巴。象纹也越来越常见。这些动物的样子更自然、写实，也更活泼、生动，甚至有些俏皮。几何图形的加入使得装饰

牛虎铜案，动物造型尤其是牛和虎、豹，是南部滇文化的特色。滇文化繁荣兴盛于公元前 4 世纪—公元前 1 世纪的云南滇池地区。这个用来放置献祭牛牲的铜案造型耐人寻味，具有很强的表现力。【东周·战国】

元素变得更加和谐，传统的纹样中也加入了如同心圆、人字形图案和瓦片图案，还有模仿在空中飘动的丝带的波浪纹也开始出现。

这一时期刻有铭文的青铜器的数量和铭文的长度都有所增加。西周青铜铭文成为与商代的甲骨铭文类似的、具有无可比拟的历史价值的文献。据估计，这一时期有 3000 多件青铜器上刻有铭文。刻有最多铭文的是毛公鼎，上有 479 个字，而齐侯的镈钟上有 492 字。有一些铭文具有极高的文学价值，比如一个刻有 110 字韵文的盘，上面讲述了周宣王征讨猃狁（xiǎn yǔn，匈奴旧称，又叫犬戎）时取得的丰功伟绩。

东周初期的青铜器开始失去其祭祀功能，但其作为政治威望象征的价值没有改变。贵族日常生活中使用的青铜器皿和工具数量增加，并开始使用一种新型的钟。工匠们制造出了在高温下更易流动的合金，并采用了新的工艺，例如可以一次制造整个器皿的失蜡铸造工艺，抑或是将失蜡法与传统的块范法相结合。

可锻铸铁也在这一时期出现。考古学家在湖南长沙附近发现了用含碳 0.5%—0.6% 的天然碳钢制成的剑。焊接、铆接等技术也得到了改进。工匠现在能够将精致、优美的青铜图案镶嵌在器皿、酒杯、镜子和碗上，这样一来就可以得到更好、更精细的组

胡人俑铜灯，从这个以跪姿托着油灯的人的衣服和面部特征来看，他很可能是个匈奴人。在这个物品的表面发现了孔雀石、赤铜矿和蓝铜矿的痕迹。【西汉】

合装饰效果。

当时主流的装饰图案有漩涡、树叶的纹路、条纹、缠绕的鸟、龙与蛇等。缠绕交织的图案在当时非常流行，通常由或多或少的写实动物形象组成，它们的身体错综复杂地盘结在一起，构成一个厚重的、似乎无穷尽的网，很难从中辨别出一个独立的个体。镂空的雕饰也在这一时期开始发展。

到了战国时期，人们开始大规模生产铁和铸铁制作的农具，如鹤嘴锄、镐和镰刀，还有各种各样的工具，比如斧

鎏金银竹节熏炉，支架顶部有三条龙支撑着仙山（博山）形状的香炉。【西汉】

左图 这两只眼睛由玛瑙构成的错金铜豹是中山靖王刘胜的妻子窦绾墓中无数富丽堂皇的陪葬品的一部分。汉代的贵族们喜欢收集古董在内的珍贵物品，这些藏品在他们死后依旧陪伴着他们。【西汉】

右上图 错金银鸟篆文青铜壶，这件华丽的青铜壶表面镶嵌着精美的图案，在中山靖王刘胜的墓中也发现过类似的容器。它的表面刻满了鸟篆体文字，这种文字春秋战国时盛行于吴越地区。【西汉】

头、凿子和马车的金属部件。社会的变化也对宗教产生了广泛的影响。青铜器在当时只用于非宗教用途，作为财富和权力的象征。

铸造和金属加工技术在这一时期也得到了发展，由于新技术的使用，装饰的方式也变得繁复起来，例如雕刻、镂空、鎏金和镶嵌，而且不仅仅是铜，金银也加入了装饰的队伍。现实或幻想中的生物形象成倍增加，这些珍禽异兽的造型常常经过风格化处理，不再有原本那种恐怖、骇人的外观。随着青铜器的宗教地位减弱，日

鎏金银蟠龙纹铜壶的表面装饰着云纹，四条龙在其中盘旋漫游。这个器皿出土于满城，即中山靖王刘胜和妻子窦绾埋葬的地方。【西汉】

铜镜中包罗了宇宙万象：镜子的边缘有四只神话动物，象征着方位和季节——玄武位北，象征冬季；青龙位东，象征春季；朱雀位南，象征夏季；白虎位西，象征秋季。位于中央的是西王母、神仙居住的神山和象征月亮的月兔。月兔在蛤蟆嘴里长出的桂树下捣药。传说嫦娥偷吃了长生不老药后奔向月亮，并在月亮上变成了一只蛤蟆。【唐】

错金银龟形薰，乌龟好奇、温和的表情在这个青铜香薰炉上表现得淋漓尽致。【汉】

常生活的图景开始作为装饰题材出现在器皿上，虽然构图简单但却生动形象。铜、银、金、孔雀石和绿松石镶嵌在器物上，让器物的色彩错杂灿烂，仿佛织锦一般。

晋国被认为是周朝艺术传统的发祥地，这里的青铜制作水平可以说是空前的。被遗忘已久的饕餮纹重新出现，还经常与盘结的龙的图案相结合。地方艺术传统的影响越来越大，特别是在汉水和洹河之间的中南部地区发展起来的艺术。南部的楚国也因其高质量的艺术风格对其周边诸侯国产生了强烈的影响。

公元前221年，周朝灭亡，由秦始皇开创的大一统的帝国时代开始了。汉代，各种容器、灯具、镜子、香薰炉等生活奢侈品的生产蓬勃发展。

之后，青铜制作没有停止，但工艺水平却不可避免地下降了。青铜器生产的数量急剧减少，因为需要大量的铜来铸币，所以青铜器的生产成本变得昂贵。汉文帝（前180—前157年在位）曾颁布法律禁止使用青铜制造器皿和工具。铁取代了青铜成为工具和武器的主要生产原料。淬火工艺提高了刀剑的强度，使它们变得更锋利，青铜刀刃不可避免地被淘汰了。

青铜时代已经接近尾声，要等几个世纪后它才会重新回到历史的舞台。这一次又是出于宗教原因：佛教需要创造出被人顶礼膜拜的佛像、佛坛装饰和莲台，他们把目光锁

左图 鎏金铁芯铜龙。在唐朝，龙不但是皇帝的象征，在道教徒心中也有极高的地位。由于龙往往和神仙居住的仙界联系起来，所以青铜器物经常刻画龙的形象。【唐】

右图 青铜是最适合制作宗教造像的材料，采用失蜡法铸造。人们经常在青铜上鎏金，就像图中这个佛像一样。【唐】

定在了几乎被人遗忘的青铜身上。

三国和东晋时期开始制作"四神兽镜"，上面雕绘着西王母、东王公等神话人物的形象。青铜制造的艺术品也随之再次繁荣起来。唐代制造的银白色镜子上装饰着丰富的神话场景或葡萄、花、鸟、龙和其他现实或幻想中的生物。

起初为了巫术仪式和祭祀所设计出来的青铜器，因其巨大的尺寸，令人印象深刻的造型和精致的纹饰而成为中国古代传统的象征，而青铜艺术中大量的神话题材又一直流传、延续了若干世纪。

# 金银器

　　在中国发现的金银器最早可追溯到公元前 2 千纪。最古老的贵重金属制品是在齐家文化和火烧沟文化的古墓中发现的。在中国，人们在矿层和冲积砂矿中发现了黄金，早期黄金大多来自于冲积砂。然而，银只存在于矿脉中，需要开采，所以在青铜时代，白银要比黄金稀有得多。直到周朝末期，尤其是汉朝以后，金才开始变得重要起来。

　　黄金和白银在中国从来没有像在西方那样享有盛誉，玉器和青铜器的地位要更高。黄金主要用于制造珠宝。在河北藁（gǎo）城和山西石楼等地发现了商朝的金耳环、金发簪等金器。在河南平谷发现了一枚纯度为 85% 的金发簪，重约 108.7 克。在商朝墓葬中发现的厚度不到 1 毫米的金箔证明，中国金匠在很早的时候就可以用惊人的技巧处理这种具有延展性的金属了。

西汉金兽。在中国古代，除了印章以外，用纯金制作的物品相当罕见。金主要是和其他金属混合使用，比如银或铜，以达到更精美的装饰效果，比如透雕、珠粒和花丝工艺。因此，这只重达 9 公斤的纯金豹非常稀有。【西汉】

曾侯乙云纹金盏，带有一只长柄勺，是在曾侯乙棺椁下面发现的，一同出土的还有一只金杯。【东周·战国】

八重宝函属于在法门寺发现的数件珍品之一，年代可追溯到唐朝。这件六臂观音盝顶纯金宝函是由丝绸包裹、层层相套的八重宝函之一。而这八重宝函的最外面一层是一个刻有佛祖及其弟子的檀香木函。【唐】

这件银鎏金瓜棱盒上覆盖着鸟纹和蔓草的图案，这些精美的装饰是用凸纹工艺制作的。【唐】

上图 錾花金执壶，这个华丽的金壶上装饰着典型的唐代风格图案：莲花和鸳鸯在卷曲的蔓草之间，下面是仰莲瓣纹浮雕。金壶的把手上有一只小乌龟用嘴衔住壶盖上的链子。【唐】

下图 人物纹八棱金杯，波斯对唐的艺术影响力在这个八棱金杯上体现得淋漓尽致，虽然这些浮雕上的部分乐师演奏的是中国的乐器，但从外貌和服装上能看出他们是中亚人。【唐】

下页图 鎏金双鸳团花大银盆，这件华丽至极的鎏金银盆上面装饰着在阔叶石榴团花和莲花中间遨游和休憩的鸳鸯。地方官员将这只碗当作贡品献给朝廷，朝廷又将其转赠给了法门寺。【唐】

许多错金银青铜带钩可追溯到东周，这一时期青铜器已经开始频繁使用金银错工艺。除了珠宝，其他奢侈品的生产也陆续开始了。在湖北擂鼓墩发现的曾侯乙金盏可追溯到公元前5世纪。这件金盏是分部件铸造然后组合拼接在一起的，其含金量高达98%，重2156克，与其配套的勺子重56.45克。

东周末期，楚国使用黄金来铸币。在秦汉时期，金银被用来制造各种各样的物品。1982年在江苏南窑庄发现的纯金豹，重9千克，十分精美。中亚艺术在这一时期对中国产生了影响，中国的金匠学会了金银丝（花丝）和珠粒（炸珠）工艺等新技术。

中国古代的金银工匠的技艺在唐时期达到了巅峰。天然形成的或人造的金银合金也是在这一时期开始使用。由于中亚地区的影响，唐朝的皇室和富有的贵族开始大力资助金银器的制造工业。因此，这一时期的金银器皿的风格杂糅了许多地区的特色，从一些壶和酒杯的造型中就可以看到中国传统的图案装饰，以及中亚、萨珊王朝和印度地区的风格元素。为了制作精美的作品，工匠使用了许多工艺：除铸造外，还使用阴刻（凹雕）、阳刻（阳纹雕）、凸纹、浮雕和线刻来装饰物品。

1983年，在江苏丁卯桥的一处遗址中就发现了956件银器。同年，在陕西扶风法门寺宝塔的地宫中发现了一件珍品。这个地宫经历了几个世纪的洗礼仍旧未被发现和破坏，保存完好，里面还存放着舍利函和信众的供奉物品，其中有四根佛祖的手指骨以及不少于121件信众供奉的金银物品，这些物品主要是由唐懿宗（859—873年在位）和唐僖宗（873—888年在位）供奉给法门寺的。

金带扣。生活在北方草原的游牧民族，尤其是在南西伯利亚的游牧民族和蒙古族的民族艺术，对中原的汉族艺术产生了深远的影响。这块长方形的腰带扣上雕刻着兼具熊、狼特征的野兽，它们的尖牙刺进了马和其他动物的身体内。整个浮雕体现了典型的匈奴文化特征。【西汉】

镂空雕蟠虺纹金剑柄。这把工艺复杂的纯金剑柄可以追溯到公元前 4 世纪，采用了公元前 5 世纪开始使用的失蜡法打造。错综复杂的小蛇互相盘绕，达到了一种完美的平衡。【东周 · 春秋】

鎏金银壶。北朝时期非常流行以金属或玻璃制品为主的进口物品。这件银壶出土于公元前569年的一个墓葬中，它很可能来自萨珊王朝或者大夏（巴克特里亚地区，今帕米尔以西的阿富汗一带），壶身上的良莕叶装饰和古典风格的古希腊神话人物像证明了这一点。【北周】

# 漆器

　　漆来自于生长于东亚和东南亚的漆树所产生的天然树脂。品种最好的漆树产于中国，在 3 世纪至 6 世纪传入朝鲜和日本。早在新石器时代人们就开始利用和加工这种特殊的树脂，考古学家在浙江的一座古墓（大约可追溯到公元前 5 千纪至公元前 4 千纪）中发现的红木碗和其他的可追溯到公元前 3 千纪的木棺残骸就可以证明这一点。但由于木漆器都容易腐烂，所以很少能发现更早于这个时期的证据。但是，最近的一些发现证明古代的漆器工艺已经达到了惊人的高度，在安阳殷墟和其他商朝遗址的发现证明了当时工匠对于漆使用的熟练度起码已经经历了数百年的沉淀。商代漆器上的纹样，如典型的饕餮纹、螺旋状的雷纹，都是对当时青铜器纹样的巧妙模仿。当时漆已经被用作镶嵌宝石、琉璃珠和珍珠母的黏合剂。

彩绘漆棺，传说，彩绘中带有翅膀的神仙和四种瑞兽（凤、龙、鹿、虎）可以驱除邪恶的事物从而帮助死者的灵魂。这口棺材被置在下页图的棺椁里，彩绘背景颜色是红色，代表着不朽。【西汉】

黑底彩绘棺，轪侯之妻的尸体被存放在四个层层相套的棺椁里，最里面一面的盖子上覆盖着一面著名的彩绘帛画，上面描绘着死者升入天国的过程。这幅帛画讲述了升天的系列过程，其图案又出现在图中这第二层棺木的彩绘上。黑色代表了阴间和死亡。【西汉】

　　漆的质量取决于它的化学和物理特性。生漆从树皮切口一滴一滴地收集到特殊的容器里。生漆的颜色是灰色的，但在光照下会变暗。经过过滤除去杂质，再经过长时间的煮沸以增加其密度，它就会变成一种带有淡琥珀色的黏性液体。使漆固化的反应需要温度在25℃—30℃，湿度要求80%—85%。漆被涂成非常薄的一层，每隔一段时间就涂上一层（最高档的漆器至少要涂30层），要让每一层完全干燥。干燥后，用极细的黏土、木炭灰或鹿角粉进行抛光。

　　等所有的工艺流程都完成后，器皿的表面就会形成一层完全耐水、耐酸、耐热的涂层。这种特性就意味着即使漆器被掩埋在条件非常差的环境中，也能保存几千年之久。

　　漆可以被涂在各种各样的材料上。最基本的物品是木头，一般由整块木材雕刻而成，或是由几个部分用榫卯连接而成。后来，也涂在其他材料如青铜、陶土、皮革、竹子和纸上。

蛇座凤鸟鼓架。在公元前 4 世纪，以动物为主题的木雕在南方地区非常流行。这个漆器应该是作为鼓架使用。【东周·战国】

上图 这个漆木衣箱原本是用来装墓主人曾侯乙的衣物的，但衣物并没有保存下来。当人们发现这只箱子的时候，它以打开的状态漂浮在墓中的水面上。【东周·战国】

下图 这个彩漆木雕鸳鸯形盒的侧面刻画了两个形象。一边是一名战士，正在随着鼓声起舞，在另一边，萨满正在敲击着巨大的青铜钟。【东周·战国】

　　公元前4世纪，一项新技术被使用：人们沿着木纹的方向切割细木条，用加热或蒸汽将其弯曲软化，塑造出弯曲或圆柱形的形状。这样就可以制作出模仿青铜器型的杯子和器皿。这些漆器是身份的象征，其价值远高于青铜原件。

　　夹纻（zhù）工艺也在这一时期被发明出来，这一工艺需要将几层漆浸渍织物（通常是麻布），有时混合陶土或木炭粉，叠加在泥胎或木胎上。当涂层干燥后，把里面的泥胎或木胎移除，用一个更轻的支撑结构代替。需要在表面进行绘制或者鎏金的雕像往往需要涂上很多层的漆。从6世纪下半叶开始，一些宏伟的佛像就是用这种方法制作的。

这件马王堆出土的漆木大圆盘以红色和黑色相间的条纹和典型的朱红色螺旋状云纹为装饰主题。【西汉】

这件华丽的漆器是盛酒用的容器，上面装饰着螺旋状的云纹和长长的波浪卷纹。中国的考古学家非常擅长复原秦汉时期墓葬中发现的漆器。【西汉】

漆匠们会在颜料中加入矿物质或者植物颜料来调色，红色和黑色是使用频率最高的颜色，但棕色和黄色也会被偶尔使用。随着时间推移，栗色、绿色、蓝色、白色、金色、银色以及不同深浅度的红色和黄色也被调试了出来。漆器用颜料或桐油施涂，或者用小刀雕刻。平脱工艺是指将金箔和银箔贴在漆胎上，然后涂上几层漆，将漆反复打磨，直至金银的花纹露出。另一种在日本流行的装饰工艺是在漆胎上洒金粉。一些物品镶嵌着金属、宝石、琉璃和水晶。凹雕技术在唐朝发展起来，从元朝（1206—1368）开始变得非常普遍。这种工艺最早的例子之一是一套来自新疆米兰故城遗址的皮革盔甲，盔甲上覆盖着雕刻成凹状的漆板。

多样的工艺技术和丰富的材料让漆匠们能够制作出巧夺天工的作品。在湖北擂鼓墩的曾侯乙墓中发现的漆器超过200件，而在湖南长沙的马王堆里也出土了数百件漆器。漆器上的图案花样繁多：蟠龙纹和各种鸟纹、螺旋、云彩以及波浪的纹饰组合在一起，形成一种浓密的锦缎般的效果，细长的蔓草纹包裹着整个漆器，使人们回想起在青铜器上的那些复杂的装饰。动物和神兽也是被描绘的对象之一。漆的光泽、坚硬的性质增强了所用颜料的色彩，使其更加明亮、生动，使人物在均匀的背景下显得格外突出。在许多情况下，这些密集的图像展示了工匠们在描绘最小细节方面的非凡技艺。

漆耳杯，一套两侧有耳的八个耳杯被装在一个盒子里，供盛食物或者茶水使用。盒子和杯子是用漆木做的，装饰得很华丽。【西汉】

漆案，这件同样在马王堆出土的长方形托盘与上页圆盘的云纹装饰十分相似。考古学家认为这是一张吃饭用的漆案，当时人们坐在地板的垫子上吃饭，这种风俗在亚洲一些国家仍然存在。【西汉】

"鱼"和"余"的发音相同，"鱼"也代表男性的生殖器，而鱼和水则代表性生活的和谐。因此，在树叶周围游动的鱼象征着财富和多子多福，树叶也是长寿的象征。【西汉】

这个盒子是用平脱工艺制成的，这在汉朝器皿中比较少见。漆器先用银箔装饰，上漆后再打磨。【西汉】

上图　在马王堆发现的这个精美的漆钫，饰有大面积的云纹和螺旋纹样。【西汉】

下图　这是迄今为止发现的最大的装粮食酒的平底瓶，上面装饰着公元前 3 世纪下半叶中国中部地区制造的漆器的典型图案。交错的螺旋云纹与豹子敏捷的身体（有些带翅膀）完美地融合在一起，创造出非常雅致的韵味。【西汉】

# 绘画

数千幅构图简单的壁画证明了早在旧石器和新石器时代中国就存在巫术和宗教信仰。陶器上最早的绘画以流动的、装饰性的图案或风格化的动物、人物形象为主。在青铜器时代，陶器上的绘画逐渐落寞，而其他如木头和丝绸之类的材料又极易腐烂，所以公元前1千纪的绘画文物十分稀缺。然而，在战国时期和西汉时期发现的漆器十分精致美观。放置皇室成员遗体的棺椁上的彩绘和雕刻工艺都十分精细，如在湖北擂鼓墩发现的曾侯乙墓中的漆木棺材，整个棺材漆成朱红色，上面画着各种颜色的动物和神话生物。其他的例子还有在湖南长沙马王堆一号墓（建于公元前168年）中发现的绘有华丽画作的黑色棺材；在陕西乾县的一座唐墓（706年）中发现的一口黑色石灰岩棺材，它的形状是一间有雕花门窗的房子，上面有一个类似瓦片屋顶的棺盖。棺壁上雕刻着精致的女性人物像，她们的动作简单而自然——赏花或喂鸟。

在马王堆汉墓中还发现了一些帛画，其中最著名的，也是最有艺术价值的就是辛追夫人棺材上盖着的 T 形帛画。这幅画描绘了死者通往另一个世界的完整过程，在之前的"死后的世界"一章中有相关介绍。

根据考古发现的少量建筑残骸来看，周朝的人似乎会在重要的建筑墙壁上绘画。古代文献中提到了在富丽堂皇的帝王宫殿里面有关于神灵或儒家故事场景的绘画。

汉代的墓室绘画一般是在画像砖、石板或者灰泥墙上。绘画的主题种类繁多：在一些墓中，宗教和宇宙观的题材占主要地位，而在另一些墓中，有日常生活或公共生活的场景和官员肖像，似乎是为了让死者去到阴间之后也能看到人间的景象。这些人物通常用红色和赭色描画出侧面，轮廓分明。在内蒙古和林格尔（公元前2世纪）、山东沂南（1世纪后期）和山西太原（570年）发现的墓葬中均有大量壁画。唐朝皇陵的壁画都是由宫廷画师绘制或是在其监督指导下完成的，十分精美。其中保存最完

马王堆一号墓中辛追夫人棺木上彩绘的一些细节：在黑色的背景中，一些仙人和怪兽在盘旋的云中互相追逐。这些神怪的任务是抵挡恶魔和恶灵，在死者前往另一个世界的旅途中保护他们。【西汉】

一些手持长戟的怪兽守卫着曾侯乙的内棺。棺材表面的其他部分绘满了复杂的几何图形和动物图案，这些一起构成了一幅可能具有重要象征意义的华丽图案。【东周·战国】

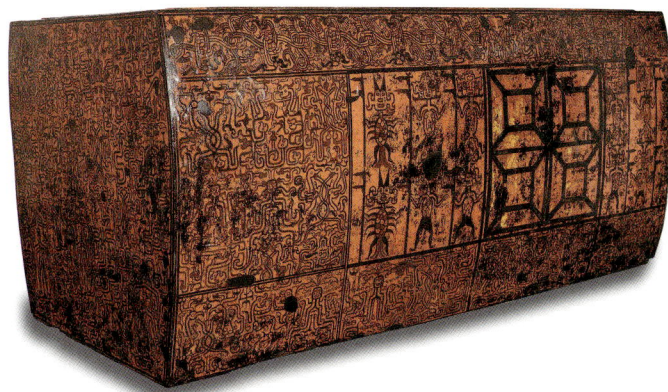

上图 骑马打猎和娱乐是在唐代贵族间流行的一项消遣活动。背上驮着装满货物篮子的骆驼也出现在这一场景中。【唐】

左下图 这幅出自乾陵李贤墓的画作的局部细节显示了皇宫花园中的两个宫女，其中一个在观察一只飞翔的戴胜鸟。【唐】

好的是乾陵中李贤（章怀太子，654—684）、李重润（懿

德太子，682—701）和李仙蕙（永泰公主，684—701）的墓葬壁画。画的

内容是狩猎场景、马球比赛，宾客、侍女及其随行人员的出行场景。

　　佛教在中国的传播也带来了印度的肖像绘画风格。开始于公元 4 世纪

或 5 世纪的宗教热潮催生了大量寺庙，但数千幅宗教绘画都没能保存下来。敦煌

作为戈壁滩边缘的宗教中心，它附近的莫高窟里的文物得以完全保存，包括自 366

年到 1337 年的大量壁画。现存的 492 个石窟总占地面积超过 4.5 万平方千米，石

窟先涂上灰泥再进行绘画。其中的佛教壁画虽然有些元素是从外国借鉴来的，但

都是用纯中国风格绘制的。例如，密集阴影的使用和典型印度特征的人物刻画在

早期的壁画中最为明显，而起伏的衣褶、装饰纹样和景观元素的安排则显示了本

土传统的连续性。

上页右下图　这个描绘精致的侍女是唐高宗之子李贤
墓中壁画的一部分。据史书记载，章怀太子李贤、
懿德太子李重润和他们的妹妹永泰公主都被强势、
无情的武则天所害。【唐】

右图　李贤墓的主墓道上画着一群身着优雅华丽制服
的护卫。他们可能是太子的私人护卫，在此守护墓
主的安全。【唐】

225

婆薮仙（婆薮提婆、婆苏提婆）在这幅画里是一个留着长白胡子、身躯瘦削、衣衫褴褛的老人。这一形象与传统的青春富有活力的形象形成了鲜明的对比。他原为摩揭陀国王，后出家为仙人，奉婆罗门教。（莫高窟第 285 窟）【西魏】

从 4 世纪开始，文人和诗人开始对绘画产生兴趣，而在此之前，绘画仅仅被认为是一种技能手艺，画师完全听从富有雇主的指示进行创作。艺术批评发展成为一种文体，画家们在成名后纷纷建立自己的流派。尽管有地域差异，中国画的发展却遵循主题和风格的连续性，以至于在西方人看来都是相同的，甚至有些单调。然而，东方人看待欧洲艺术也持有相同的观点。

中国画的线条流畅、蜿蜒，是用一种特殊的笔触画出来的。这种画法需要高超的技巧来控制笔触的粗细和力度。这些绘画仿佛在向观众绘声绘色地讲述画中的故事，画像和留白和谐有序地融合在一起。在这一时期出现了横幅画卷，构图是分段设计的，读者可以把画慢慢展开观赏，仿佛在读书一样。

其中最杰出的艺术家之一是顾恺之（约 345—406），他的古怪个性和他的艺术作品一样出名。他主要为人物画像，其中一些得以流传至今，不过这些流传下来的画作只是后人的摹本。最著名的是《女史箴图》，其中的女性人物以细腻的笔触巧妙地描绘出来。南北朝时期的其他著名艺术家还有宋明帝（465—472 年在位）时期活跃的陆探微和梁朝官员张僧繇（活跃于 500—550）。这两位大师的作品现在都已遗失，但是据传说，张僧繇曾在佛寺和道观的墙壁上画过壁画。

这幅画是著名的《萨埵那太子本生图》中的画面，整幅画采用深蓝色和深绿色为主色调，并绘有丰富的细节。（莫高窟第419窟）【隋】

这幅壁画讲述了一个年轻人在一次狩猎中意外被国王射伤，生命垂危的年轻人表达了对双目失明的父母的担心，国王被年轻人的孝心所感动，便派人看护他的父母。最后，这个年轻人被仁慈的神明所救。（莫高窟第302窟）【隋】

　　唐朝最著名的画家之一阎立本（卒于673年），是唐太宗的大臣。作为一名杰出的肖像画家，他的作品在宫廷中非常受欢迎。他画了两幅著名的作品，分别是《历代帝王图》和一幅北齐文士画像的画作（《北齐校书图》），现在都收藏在波士顿美术博物馆。他的线条风格被认为是唐初期的典型风格。中国山水画北宗创始人李思训（651—

上图　这幅名为《历代帝王图》的画卷描绘了在不同场景中的著名皇帝和他的随从们。线条流畅的画风反映了7世纪的典型造型风格。这幅画卷为唐初著名的宫廷画家阎立本所绘，现存为后人摹本。【唐】

跨页图　此幅《簪花仕女图》通常认为是周昉所作，画中的女士们衣着华丽，神态慵懒。【唐】

上图 一些学者认为，这幅敦煌发现的在丝绸上用水墨和颜料绘制而成的菩萨像，姿势和神态与张萱和周昉作品中的仕女十分相似。【唐】

716）和儿子李昭道（670—730）开创了以青蓝色、孔雀石绿等深色调为特色的彩色山水画风格。

王维是一位杰出的诗人和山水画家，他采用的是单色笔墨风格，是文人画的先驱。其他伟大的艺术家有韩干（715—781），擅长画马，张萱（活跃于713—742）和他最著名的弟子周昉（活跃于741—804）。吴道子（活跃于约705—760）以他笔法遒劲、线条或粗或细的山水画而闻名。他四处游历，在到访的佛寺和道观墙壁上完成这些山水画。几乎这些艺术家的作品都已失传，但其中一些作品的摹本却保存了下来，这些摹本是被这些著名前辈所吸引的文人画家在之后的几个世纪中临摹出来的。

# 石刻

使用多种技术和材料的立体雕塑（浅浮雕或圆雕）很早就在中国发展了起来。不同于西方有宗教和世俗两种雕塑风格，中国的雕塑总是与宗教密切相连。在许多新石器时代和后来的遗址中发现的玉、水晶、大理石或石头制成的小物件，以及大部分放置在贵族墓中用于牲祭仪式的金属（主要是青铜）物件，都与某种至今未知的宗教仪式象征有联系。在帝制时期，重要的陵墓入口都有形似狮虎的能辟邪的动物雕像守卫。它们坐在通往墓室的"神道"两侧，警惕地盯着一切想要闯入墓室的人。有一种叫作辟邪的神兽，身硕方额，凶猛异常，拥有可以抵御一切邪恶的力量，它的存在也暗示

在帝制时期，人们对长生不老的追求渗透到丧葬文化中，导致人们使用石头来建造坟墓，并竖起雕像来守护坟墓。动物和神兽雕塑常常被视作守卫，例如这种长相凶恶、形似虎豹的带翼神兽，它们被排列在通往墓室的"神道"上把守着入口。【西汉】

受笈多时期印度佛教造像术风格转变的影响，一种新的雕刻风格在 6 世纪中期传入中国。这里所示的四面都有雕塑的汉白玉石碑，就是这一时期的产物。【北齐】

这个线条流畅、表现力丰富的石制马头像展现了中国汉代雕塑技艺的复杂和精细。【汉】

着死者能够安全地升入仙界。还有其他的神话动物，如麒麟（有独角）和天禄（形似鹿），也被视为吉祥和驱邪的象征。到了唐朝，在墓室设立"神道"成为皇室的特权，"神道"的两侧通常矗立着雕刻精美的望柱、神兽或者全副武装的守卫的雕像。

在同一时期，贵族的坟墓墓碑用石头和砂岩板雕刻浮雕。有时候用的是陶砖，上面压印出石刻的纹饰。不同地区使用的浮雕技术各不相同。

佛教雕塑从 4 世纪开始迅速发展，成

这尊武官雕像矗立在通往乾陵的"神道"上。唐高宗和武则天分别于 684 年和 706 年下葬在这座皇陵里。这条"神道"长 2.5 千米，两旁立着望柱、石碑和栩栩如生的石像。【唐】

这是一个大理石菩萨头像，表达着他对芸芸众生的无限怜悯。【唐】

这位菩萨的脸，柔和且线条匀称，表达了一个人的超然和宁静，尽管他已经开悟，但还是决定留在人间普度众生。【唐】

这是一个砂岩制作的罗汉头像。作为佛陀释迦牟尼教义的守护者，罗汉的职责就是忠实地传播佛陀的教义，使其代代相传，内容完整不变。人们相信他们拥有神奇的力量，也正因为这种力量才能让他们长生不老。【唐】

为中国的主要工艺之一。成千上万的石匠、陶匠、金属工匠和画家受贵族和皇帝的委托，用绘画和雕塑来装饰众多的佛教寺庙。在甘肃敦煌有 492 个保存完好的佛教石窟，敦煌在 4 世纪开始被视为圣地。460 年，山西云冈石窟开始动工，现在仍能看到高 14 米的坐佛（第 20 窟）和高 15 米的立佛（第 18 窟）。

中国佛教造像最初来源于印度艺术，并受到中亚的强烈影响，但从 5 世纪和 6 世纪起，受笈多时期（300—600）印度艺术和本土传统的影响，新的风格出现了。

位于河南河北交界处的响堂山石窟可

许多雕像都是一只手举起，掌心向上，表示无畏，另一只手朝下，做出给予的手势。【东魏】

佛像中的手和腿脚的姿态（手印和瑜伽体式）具有重要的象征意义。【唐】

追溯至 6 世纪晚期，时期相近的河南龙门石窟则开凿了数百年。几个世纪以来，龙门石窟中雕刻了数百个壁龛，以及 97300 尊雕像，其中许多都极其精致美观。到了 6 世纪末，这些裹着带褶袈裟的雕像人物的细节变得更加丰满，显得活力满满。隋朝时期对佛教雕塑进行了重大的创新，这些雕塑获得了一种更自然、更圆润的风格，在过去的传统和之后将影响唐代风格的创新流派之间达到了完美的平衡。在隋文帝时期，至少创造了 10 万尊新雕像，并对 100 多万尊已存佛像进行了修复。

唐朝初期，朝廷对于佛教的青睐和民众的虔诚使得佛教迅速在全国传播开来。这一时期的佛教雕塑代表了宗教艺术的新高度，人物形象和谐、圆润，符合当时人们的审美。佛陀的面部温柔而安详，面颊饱满，嘴唇丰盈，下巴和脖子上的沟槽表现出了人物的富态。衣褶自然地垂下来，暗示着一种微妙的感官享受。

在中国有竖石碑的习俗，一般碑身为方，碑首为拱顶。石碑上下分成几部分，用浅浮雕装饰。宗教石碑上一般刻有一个或多个壁龛，用高浮雕刻出佛祖和菩萨的形象。从汉代开始，人们就竖起刻有铭文的石碑来纪念死者和庆祝重大事件。

各个朝代似乎都在死者的宏伟陵墓上费尽心思，好像在青铜和石头上雕刻出的故事和图像才可以永垂不朽。

# 考古路线

中国西部边疆地区的游牧民族的日常生活场景装饰着敦煌众多的石窟墙壁。这幅图中有成群的猎人骑着快马追赶一群黄羊，有的正准备攻击一只老虎。（莫高窟第249窟）【西魏】

# 寻找失落的世界：
# 考古遗址之旅

商

为游客拟定一份中国考古遗址清单不是一件容易的事。其中一个原因就是古代建筑材料都极易腐烂，这就造成了中国缺乏保留下来的宏伟建筑。事实上，无论哪个朝代的宫殿和庙宇曾经多么雄伟壮观，都饱经风霜及人为的摧残，它们要保留下来实在不是一件易事。

而且，为死者修建仿造生前生活环境的宏伟坟墓也是相对较晚的时期才开始的。这些配备着华丽墓室的陵墓是艺术和建筑历史发展的珍贵资料和证据。而汉唐皇陵，不是至今无法开封，就是早已被盗墓者损毁。但是，在大量古墓中发现的华丽陪葬品都证明了一个伟大文明的存在。一些已经完成考古工作的古墓现在已经开放展出，其陪葬品也在世界各地的博物馆供人参观。当然，对于游客来说，这些空空的古墓似乎已经没有什么游览价值了，但事实上，它给予了那些对中国古代历史感兴趣的学者研究的机会。

时代久远的早期遗址并不总能发现让人眼前一亮的元素，就连新石器时代仰韶文化最大的中心之一半坡遗址亦是如此。该遗址距西安不远，大约在公元前4800—前3600年有人在此居住。这个遗址于1953年被发现，1954—1957年挖掘完毕。它包括一个居民区，周围环绕着一条长约300米、深2米的保护性壕沟，壕沟之外是一个制陶区和一个墓地。考古学家已经发现了45座朝南的方形和圆形半地穴式房屋，200个用于储藏食物的地窖，6个用于制陶的窑，数千件用于日常生活的人工制品。还发现了258座坟墓，其中81座发现了埋在陶瓷或房屋附近的孩童骸骨。1958年在遗址的基础上建立了博物馆。

1920 年，瑞典地质学家 J. G. 安特生在河南渑池县仰韶村发掘了第一个新石器时代仰韶文化遗址，几年后在北京西南 42 千米的周口店发现了北京猿人的遗骸。1899 年，由于发现了 4 万多份写于 5 世纪—10 世纪主要是哲学和宗教内容的手稿（其中也有一些是文学作品和行政文书），国际学术界的目光再次集焦中国。这些重要的文献在敦煌莫高窟的一个被封的洞窟（第 17 窟）里发现。

在距河南安阳约 5 千米的洹河两岸发现了殷墟遗址，占地超过 24 万平方千米，因为它是商朝最后一座都城，所以在政治上具有至关重要的意义。这一地区的发现和发掘是中国历史研究中最令人兴奋的事件之一，同时也是中国现代考古的正式开端。1898 年，中国的考古学家曾凭直觉来到安阳，因为他们发现被当作中药材的"龙骨"可能就是古代使用的甲骨，那是古代萨满用来召唤冥界灵魂的物品。

安阳殷墟的系统发掘是成立于 1926 年的中国考古研究所开展的第一个重大项目。经认定，商朝最后一个都城的遗址位于小屯村和三家庄洹河两岸附近，这些地方都经过仔细发掘。大量可能来自不同时期的宫殿和住宅建筑（其中超过 50 个占地面积巨大）的夯土地基让研究人员可以对当时的城市规划和布局有所了解。

考古学家还发现了宏伟的贵族宅邸、祭祀建筑（用于宗教和祭祖）、仓库、工坊和工匠住房的遗址。工匠们主要铸造青铜器皿和武器，也在作坊制作陶器和雕刻象牙、骨头、玉石和其他半宝石装饰品。目前最大的铸造厂占地面积约 1 万平方千米。所有建筑的地基都十分坚实，其中最大的建筑占地面积达 14.5 米 × 85 米。

在洹河沿岸的后岗、侯家庄、武官村和西北冈发现了宏伟的皇家陵墓。西北冈共发现大型王陵 13 座（1934—1935 年 11 座，1950 年 1 座，1984 年 1 座）；陵墓的设计为十字形，入口处有通向主墓室的坡道，主墓室存放着巨大的木棺。棺材装在一个木制的椁室里，棺椁下面有一个小型的腰坑，坑内有殉葬者的骨架，有时是动物（主要是狗），有时是人。皇家陵墓旁的 1400 多个小坟墓证明了当时曾大规模使用活人殉葬。

有一些商朝的王陵在很早的时候就被盗墓者光顾过了。据推测，最宏大的陵墓 M1001 号墓墓主可能是商王武丁（约卒于公元前 1192 年），这个陵墓南北长 66 米，东西宽 44 米。发现时唯一完好无损的皇家陵墓位于另一个区域，是武丁之妻妇好的坟墓，距离小屯不到 200 米。这座于 1976 年发掘的陵墓比西北冈的陵墓要小一些，但是里面存放着大量华丽珍贵的陪葬品，这可想见之前发掘的较大王陵中的物品曾遭受大规模

三星堆的 2 号祭祀坑可分为三层。在第一层约发现了 60 根象牙，在第二层发现了青铜雕像、祭祀器皿和面具，在第三层中发现了钱币和玉石制品。【公元前 12 世纪】

偷盗，无数珍品流失。从妇好墓中发现了 1800 多件文物，包括 466 件青铜器（195 件礼器）、755 件玉器、564 件骨制品、110 件由大理石、绿松石和其他半宝石制成的物品、约 30 件由陶、珍珠母和象牙制成的物品，以及约 7000 枚海贝。

河南二里头、郑州、湖北盘龙城、湖南宁乡、四川三星堆等地的考古遗址，为我们了解公元前 2 千纪的中国古代文化做出了很大贡献。1959 年在洛阳偃师发现的二里头遗址，是迄今已知的最重要的夏文化中心。在所有已知的夯土结构中，最大的占地面积超过 1 万平方米。这个可以追溯至公元前 2010 年—公元前 1324 年的遗址目前已经发现了四个不同的地层。第三层可追溯至公元前 1700 年—公元前 1500 年，被认为属于夏朝，一些专家认为这是传统文献记载的夏朝的最后一个都城。

1952 年—1953 年在河南郑州附近发现的遗址被认为是商朝第二座都城，它在大约公元前 1500 年（二里岗文化时期）发展到了鼎盛，整座城市被一个长 7 千米、深 20 米的夯土墙围绕。城墙外是小村庄的棚屋、作坊、铸造厂和仓库的遗迹，居住在那里的主要是制作陶器、青铜、骨器和漆器的工匠。在城墙内，可以看到为居住或宗教目的而设计的壮观的宫殿建筑的地基。

位于武汉黄陂的盘龙城遗址规模较小。它也被夯土墙包围，用与郑州商城遗址相同的技术建造，但长度要短得多（260 米 × 290 米）。这座城镇以及城墙外的一些陵墓可以追溯到二里岗文化时期，而附近的建筑被认为是与郑州商城遗址同时代的。

宁乡和三星堆发现的遗址，代表了商朝影响之外的独立文化的存在。特别是三星堆的发现，揭示了一个在文字资料中完全被忽视的伟大文明。

许多出土的公元前 1 千纪早期的文物里有大量可获取的信息。考古学家发现了数千座古墓和各种祭祀用的青铜器，以及巨大宫殿、住宅和宗教建筑群的地基。考古学家的研究起初主要集中在陕西，他们认为这是周朝的发源地，但后来扩展到周朝影响的整个地区，从甘肃扩散到辽宁和山东。

最引人关注的遗址位于长安周边地区，特别是在沣河沿岸发现了两个周朝都城丰和镐（周原）的遗址。这一大片区域从岐山、扶风两县一直延伸到今天宝鸡市的边界，宝鸡市是鱼国的遗址所在地。在陕西以外也发现了许多重要的遗址。在山西侯马发现的城址，传统上认为是周成王（前1042—前1021年在位）的弟弟建立的晋国故地。由周武王（前1046—前1043年在位）兄弟的子嗣管理的燕国国都位于北京房山的琉璃河附近。在河南新村发现了魏国贵族的坟墓，在山东曲阜和淄博附近分别发现了鲁国和齐国的遗址。

周原是一个非常有趣的地区。它的居民点内有一个祭祀祖先的祭坛，是举行重要仪式的地方。除了数以百计的墓葬中有华丽的陪葬品，还发现了大量商朝时期（公元前11世纪之前）的甲骨文，以及十几件祭祀用的青铜器，其中许多都刻有铭文，讲述了它们主人的历史。

在扶风庄白附近发现了属于至少五代魏氏家族的礼器103件（其中74件刻有铭文）。在凤雏、召陈等遗址发现了屋顶覆盖着陶瓦的住宅和宫殿建筑群遗迹。

东周时期，虽然典型的竖穴式墓葬一直保持不变，但各种地方传统发生了重大变化，对后来的发展产生了重大影响。将放置棺材的椁室分成不同的部分的习俗是从西周末期开始的。从东周开始，人们倾向于不把棺材放置在坑中，而是放在墙上的壁龛内。这些壁龛后来被扩大，以腾出空间存放陪葬品，最终演变为放置尸体的墓室。

早在东周时期，建造数个墓室的做法就开始了，大部分情况是修建一个主墓室和一个或多个小墓室相连接，每个小墓室都有自己的功能，这种做法在帝制时期越来越普遍。人们也开始使用更坚固耐用的材料，如石柱、石梁和石板。雕刻或拍印的空心画像砖取代了传统的木板来覆盖墙壁。在墙面抹灰泥并在上作画的做法也传播开来。

到了西汉时期，传统的单一竖穴墓被多墓室的坟墓所取代，有的坟墓甚至多达9间墓室（如楚幽王的陵墓，楚幽王于前237—前228年在位），人们在石头或泥土中开凿出墓室并用空心砖或雕刻或彩绘的石板覆盖在墙面上。

周时期在坟墓上堆起小土堆的做法得以延续。有一些坟墓上的土堆体积巨大，已经形成了一座山，周围有防护墙，里面有木

周

239

制或石头建筑和树木茂盛的陵园。

大量研究使我们对东周时期的生活有了较为清晰的认识。从战国时期开始，已有 50 多个设防的城镇和城市，其中大多数都有双层城墙保护。其中一些城市是王国和公国的首都，这些王国和公国一直在为争夺霸权而战。洛阳是东周朝廷的所在地，临淄和武阳分别是齐、燕的首都。

在 6000 多座东周古墓中，至少有 600 座位于魏国境内的洛阳地区，500 座位于秦国统治的陕西地区。在领土辽阔的楚国发现了 4000 多座古墓：1800 多座位于湖南长沙，851 座位于古都郢（今湖北江陵县）。

这一时期最受关注的就是秦朝都城咸阳的遗址，宏伟壮丽的宫殿遗址中仍保留着壁画的碎片。在山西侯马发现了大型铸造厂的遗迹，在河南金村、三门峡、下寺和信阳都发现了精美的陪葬品。河北平山则发现了中山国的都城遗址。世界上已知的最早用失蜡法铸造的青铜器是在下寺发现的。蔡侯墓位于安徽寿县城西门内侧，滇国统治者的陵墓位于云南石寨山。滇国是战国和西汉时期南方繁荣强大的国家。

位于湖北擂鼓墩的曾侯乙墓修建于公元前 433 年，它展现出周朝思想出现的重大变革。曾侯乙墓在一个小山丘上垂直挖掘，深达 13 米，由四个相邻的、相互连通的 3 米高的墓室组成。墙壁镶有木板，很可能最开始上面还挂着华丽的挂毯。从物品的摆放可以看出每间墓室都有自己特定的功能。位于中央的主墓室面积最大，占地面积超过 46 平方米，微观地再现了侯爵宫殿里的礼宾接待厅的样貌。在曾侯乙墓中发现了大量陪葬品，其中包括家具、用作礼器的华丽青铜器和乐器。还发现了最令世人惊叹的一套青铜编钟，这套编钟由 65 口钟组成，按大小顺序排列在一个木架上。侯爵的寝室被设计在陵墓的东边，侯爵的尸体摆放在那间屋子两个相套的华丽漆木棺材内。侯爵的寝室内还发现了 8 口放置女子尸体的棺椁，还有一只狗的遗骸和一些乐器。这些乐器不同于中央墓室用于仪式典礼的乐器，它们更像是提供私人娱乐用的。西面的墓室内存放着 13 口放置女孩尸体的棺材，而北面的墓室则是仿造军械库修建的，里面有 4500 多件不同种类的武器，包括盾牌、胸甲，以及马车和马匹的装饰。

漢

从秦汉时期的考古发现可以看出新的建筑理念正在慢慢发展。除此之外，多种因素结合在一起使得丧葬艺术日益华丽。到了汉朝，宗教信仰和哲学思想渗透到人们的生活中，人们坚信将尸体妥善保存就可以让人不朽。这种观念使得那些富有的贵族皇室将陵墓修建得空前宏伟壮观。皇室成员、贵族、大地主、大臣、官员、军官和富商都喜欢炫耀他们的特权，以及死后保留的头衔。坟墓开始成为人们表达对死者的关心和尊敬的重要方式，死者的宗教和信仰的宇宙观反映在坟墓的物品和壁画上。

尽管横穴式墓在中国传播得越来越广泛，但在西汉时期，竖穴式墓葬仍大量存在。例如长沙的马王堆、湖北江陵附近的凤凰山和北京附近的大葆台都发现了类似的竖穴式墓葬。马王堆的三座坟墓分别埋葬着轪侯利苍（卒于公元前186年）以及他的妻子和儿子，墓中存放着精美的漆器、华丽的服饰、各种帛书以及轪侯夫人棺木上的帛画，其精美程度无可匹敌。帛画描绘了死者的永生之旅，并阐明了将生者和死者世界统一的宇宙概念。

上图　这是中山靖王刘胜陵墓的复原图，这幅图展示了非常经典的汉朝贵族的墓室布局。坟墓内由大大小小不同的墓室构成，每间墓室"各司其职"。

跨页图　窦绾夫人的金缕玉衣，由2160块玉石和700克金线缝制而成。东汉时期，只有皇帝才能够使用金线，皇子可以使用银线，而更低级别的贵族只能使用铜线。【西汉】

241

已发现的横穴式墓种类繁多。1868年，汉景帝（前157—前141年在位）的儿子，中山靖王刘胜和妻子窦绾的陵墓被发现于河北满城，他们的陵墓修建在山上的岩石中。入口的墓道通向不同的墓室：首先是两间厢房，南边铺瓦的木棚，可以看出是马厩和马车仓库，北面是一间储藏室。中央是一个大型的用于仪式活动的房间，内部有巨大的木质结构支撑，木构上铺瓦，屋内立有帷帐。再往里就是放置死者尸体的墓室，内部墙壁雕刻精美，家具陈设雅致，墓室的一侧还有浴室。中山靖王身穿着精美的金缕玉衣，它由2498块大小不同的玉石用金线缝在一起制成。

这种从岩石中开凿坟墓的做法被唐朝皇室沿用，被称为"地下宫殿"（地宫）。

河南洛阳的一些坟墓的墙壁和天花板由空心砖铺成。砖块上往往画着神话人物、动物或者神兽，有时还画着历史或者传说中发生的场景图。随着时间推移，体积较小的实心砖代替了空心砖，因为使用实心砖能够修建更复杂的建筑结构。江苏徐州彭城的靖王陵、河北定县中山简王陵和望都郛阳侯陵墓均属这种类型。

到目前为止，已经发现了39座皇子的陵墓（诸侯王陵），其中34座来自西汉，5座来自东汉；所有的王陵内部结构极为相似。秦汉时期，在墓室

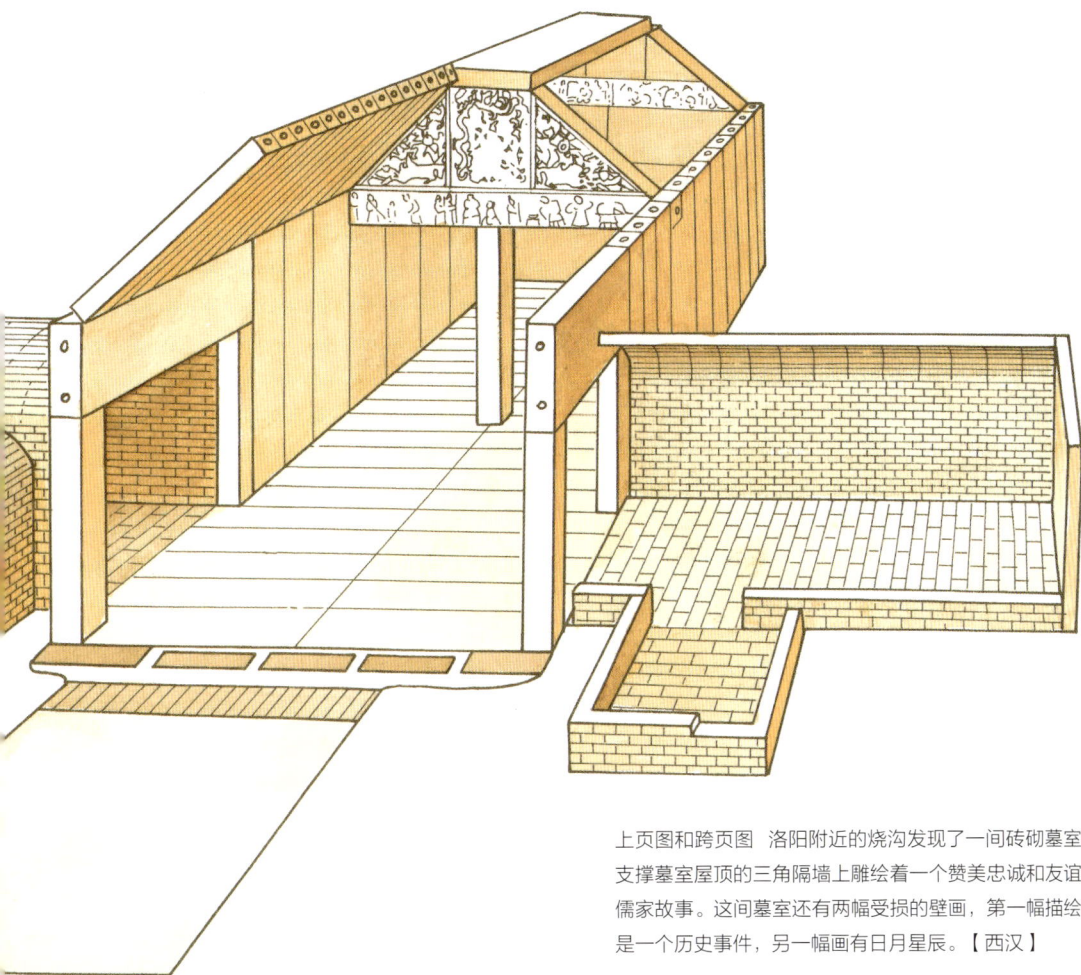

上页图和跨页图　洛阳附近的烧沟发现了一间砖砌墓室，支撑墓室屋顶的三角隔墙上雕绘着一个赞美忠诚和友谊的儒家故事。这间墓室还有两幅受损的壁画，第一幅描绘的是一个历史事件，另一幅画有日月星辰。【西汉】

墙壁上施灰泥、画五彩壁画的做法变得十分普遍。郚阳侯墓中的墙壁上画着与死者亲近的人，或许是他的侍从或者属下。

1971 年发现的河北安平墓葬和 1972 年发现的内蒙古和林格尔墓葬，都是东汉时期的墓葬，墓室设计十分精美。前者由优质黏土砖制成，占地面积超过 262 平方米，内部由 1 个走廊、2 个壁龛和 10 个带有拱形门和拱形天花板的房间组成，最高处可达 4.4 米。墙壁上绘制着关于死者的宏伟画作。死者很可能是一名高级武官，正在指挥自己的大军，军队由步兵、骑兵和超过 80 架战车构成。一些简短的榜题（画像旁留下的解释性文字）还可以辨认，其中一条表明这座墓修建于 176 年。

在内蒙古和林格尔的坟墓中埋葬着一位曾经镇守乌桓的将军，该墓有许多拱形的墓室。墓室中的壁画讲述了他的戎马一生，各种战役被栩栩如生地描绘在墙壁上，最后还画有他年老之后所居住庄园的乡间生活的场景。

东汉时期，人们在石室墓内装饰日常生活场景或历史、神话事件的做法越来越普遍。山东沂南发现的公元 1 世纪的将军墓就是这类墓葬。死者墓中的一幅壁画证明了坟墓是按照死者生前的住宅设计的。壁画上还画着他生前经历的各个重大事件的场景，其中最重要的就是与北方游牧民族的战争，壁画上这位将军站在战车之上鼓舞士兵前进。

下图 安平墓中央墓室的壁画有四个平行的区域，画中马车和骑兵的数量显示了墓葬者的社会地位。一般认为这些壁画描绘的是死者生前经历的重要事件。

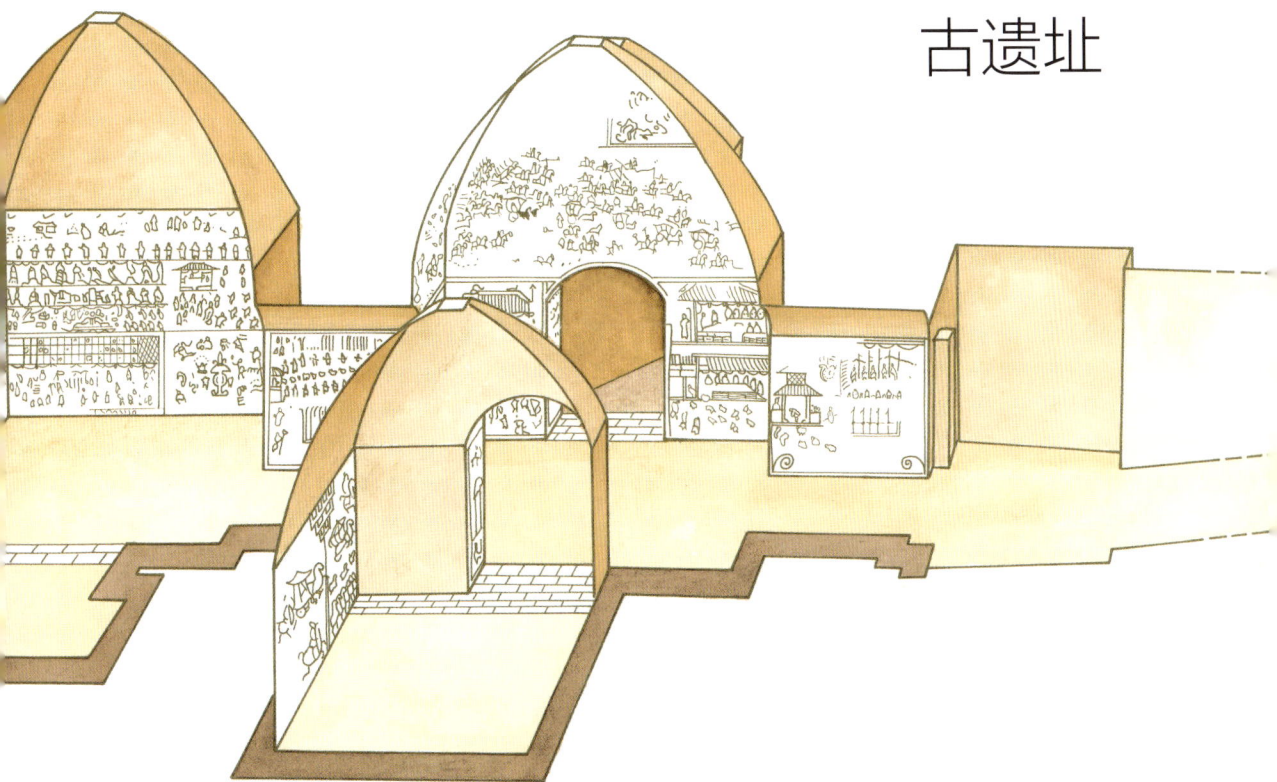

## 安平与和林格尔古墓

四川成都北部的羊子山 1 号墓是该地区发现的 200 多座古墓中规模最大、装饰最好的一座，时间可追溯至汉朝。安徽东源村的 2 号墓和打虎亭附近的密县 1、2 号墓同样是修建于汉朝的古墓。羊子山和打虎亭 2 号墓是由砖砌成的，其余的都是由石头修建的。

这些墓葬的装饰是东汉时期丧葬文化最具代表性的表现形式。这样出色的技术和艺术水准直到唐朝才得以重现，在此期间只有娄睿将军墓（北齐鲜卑族将军，卒

跨页图和下图　大多数汉代壁画都损毁严重。这两幅图分别是内蒙古和林格尔古墓的复原图和内部实拍图，据此我们能清晰地看到当时地位显赫的人的墓葬是如何设计的。【西汉】

# 娄睿将军墓

上图 娄睿将军墓的发现在考古界意义重大，因为在墓中保存着大量宏伟的壁画。在中央大厅的墙壁和拱门上绘有二十八星宿的细节，此图则呈现了其局部细节。【北齐】

于 570 年，该墓于 1979 年在山西太原郊区被发现）的水平相对出众。娄睿将军墓中的壁画总面积达 200 平方米，其描绘的内容多种多样，包括骑兵、骆驼商队、官员和二十八星宿的动物符号。与汉代的经典风格相比，这些壁画具有创新性：所描绘的复杂运动中的群像和画面的整体韵味清晰地显示出草原艺术的影响。象征星宿的动物符号庄严静穆，而运动中的马和骆驼则迸发出无穷的活力。明暗的巧妙运用使画面具有早期绘画中少见的深度，这也成为唐代绘画艺术的一个特点。

上图　一群穿着制服的骑士向坟墓的出口飞奔而去。他们可能是将军的护卫队，陪伴他踏上死后的漫长旅程。【北齐】

下图　象征着二十八星宿的动物采用白描技法，线条清晰锐利，明暗效果细腻。【北齐】

上页左下图　娄睿将军墓中的这一壁画描绘的是宴请外国高官的场面。【北齐】

上页右下图　娄睿将军墓入口处走廊的壁画上描绘着整装待发的骑兵、士兵和骆驼商队的场景。【北齐】

# 秦始皇陵

下图 秦始皇陵的土丘高 50.5 米（只是原来高度的三分之一），下面的地宫很可能保存十分完好。在它周围的广阔区域内也挖掘出了相关的墓坑。【秦】

秦

上页上图 秦始皇陵兵马俑 1 号坑给参观者留下了深刻的印象。数千名士兵列阵齐整，象征着力量和权威。【秦】

右图 人们花了数年的时间，耐心地将数千块碎片复原成秦始皇的青铜马车和兵马俑；这些陪葬品被原先保护它们的支撑结构压碎了。【秦】

贵族和其他显贵投入越来越多的资源来建造他们的陵墓，但这些坟墓与为皇帝而设计的皇陵相比实在是相形见绌。宫廷建筑师和设计师满足了帝王们的一个又一个的需求，甚至把那些天马行空的想法变成了现实。不幸的是，这些皇陵大多遭到了破坏，那些幸免于难的坟墓考古学家目前也尚未进入考察。

秦始皇陵就是其中之一。秦始皇卒于公元前 210 年，于西安以东约 35 千米处的临潼下葬。据当时的史料记载，这座宏伟的陵墓花了近 40 年才建成。秦始皇陵位于一个近 50 米高的土丘下，被双层围墙包围，其外围大约有 6300 米长；这座陵墓的内部至今仍然是个谜。

伟大的历史学家司马迁生活在秦始皇死后 100 年的公元前 1 世纪。关于这座宏伟的皇陵，司马迁写道：这座庞大的地下宫殿，动用了超过 70 万劳动力，主殿的天花板真实再现了天界的景象，而地板上则绘制着他统治下的大秦江山。水银河流通过巧妙的机关设计流入代表海洋的模具里。秦始皇死后几年秦朝就覆灭了，首都咸阳被项羽所带领的起义军摧毁，而墓室里的宝藏也有可能在那时就被掠夺一空。

22 个世纪后的 1974 年 3 月，在距秦始皇陵 1225 米的地方，农民们在挖井时发现了一个兵马俑的头。一组考古学家立即赶往现场进行调查，随后得出结论：这个陶俑的头部属于保卫秦始皇陵的军队士兵。因此秦始皇陵的位置很快就被锁定了。

截至今天，已经发掘了 4 个兵马俑坑。1 号坑是当地农民偶然间发现的；第 2、3

号坑是在 1976 年和 1977 年通过科学考察发现的。而 4 号坑于 1996 年被发现，但内部空空如也。据估计，至少有 8000 具兵马俑被埋葬。整个兵马俑葬坑面积达 0.025 平方千米。有一些坑内还有马匹、鸟类和野生动物的遗骸。人们还发现了各种各样的工具，还有无数的侍从雕像和两辆可能是为了把皇帝带到传说中的神仙之地的华丽彩绘青铜马车。这些文物现在展示于 1 号坑附近的博物馆内；考古学家在 1、2、3 号坑上修建了牢固的屋顶，以确保考古工作能在更好的条件下进行，并方便游客参观。

兵马俑比真人略微大了一些：站立的兵马俑高 2 米，跪着的兵马俑（跪射俑）高 1.2 米，重量约 150 千克。这些兵马俑有着禁卫军所应有的庄严、威武的仪态。每个士兵的面部特征、表情和发型的细节都十分讲究，可以很好地反映他们的民族出身。虽然陶俑是用有限的模具类型制作出来的几种部件组装而成，但每个兵马俑的面部特征都是单独雕塑的，武器装备和马匹的装饰都十分逼真。这些兵马俑原本经过上色，但经过时间的消磨，现在只能看见一点点痕迹。

制造兵马俑需要耗费大量的人力物力；据估计，至少有 85 位雕塑大师（他们的名字刻在雕像上）参与了这项工作，每个人都有 18 名助手帮助，光是工匠人数就高达 1500 人。从目前发现的兵马俑位置和武器装备来看，这些兵马俑的战术部署显然还是遵从东周末期和秦初的军事理念配置的。

占地面积最大的 1 号坑，呈长方形，面积为 14260 平方米。1978 年开始的第一次正式发掘涉及东侧 5 个方，共出土了 1087 尊兵俑，32 匹马俑和 8 辆战车，但根据估算，起码有 6000 兵俑、160 个马俑和 40 辆战车掩埋在 1 号坑内。坑内中央区域有 9 个四列步兵组成的纵队，两侧各有一列步兵组成的侧翼。军队的前阵由 210 名排列紧密的弓箭手、三排长矛兵和驷马战车（四马牵引的战车）构成，每辆战车载一名战车驭手和两名士兵。阵型的两侧都有一列面朝外的步兵纵队作为保护军阵的侧翼，最后一排士兵背对着军队。

2 号坑呈 L 形，距离 1 号坑约 20 米，面积较小，约 6000 平方米。在 2 号坑中出土了跪式和立式的弩手、许多骑兵、马俑和各种战车的残骸。据估计，2 号坑大概有 939 个兵俑、472 个马俑（其中 116 个骑兵俑与其鞍马分开计数）和 89 辆战车掩埋在坑内。士兵们在 2 号坑的列阵更加密集，展现出了弓骑协同的战斗部队的威力。

3 号坑面积最小，不到 500 平方米，考古学家相信这是整个军队的指挥中枢。在 3 号坑内发现了 68 名没有武装的兵俑，也就是一些没有根据等级排列的军官和随从，还

有 4 匹马和一辆战车的残骸。大量的动物遗骸证明了指挥官会在战前祭献牲口来慰藉亡灵，在这里还发现了鹿角和大量的青铜武器。

　　4 号坑占地面积 4608 平方米，深度与其他三个坑一样都是 4.8 米。4 号坑的作用至今仍是一个谜，因为人们发现它的时候里面完全是空的。在关于 4 号坑的各种推测猜想中，西安秦始皇兵马俑博物馆馆长袁仲一所提出的观点最合乎常理。在他看来，4 号坑本应是军队的中军所在地，1、2 号坑分别是军队的左军和右军，而 3 号坑为指挥部。

这些步兵平静地站在整齐的队伍中，似乎在等待命令。雕像和战车的做工之精细，规模之大，在世界上也是绝无仅有的。【秦】

4 号坑内的军队很可能是由真正的士兵组成的，他们也许参加了整个陵墓的修建工作，而根据一个未被废除的古老传统，他们将在陵墓完工后全部陪葬。

司马迁关于秦始皇陵的记载支持了袁仲一提出的观点，并解释了为什么这个大规模的殉葬没有发生。根据《史记》记载，皇帝采纳了一位大臣的建议，赦免了这些士兵，但取而代之的是他们要去各地镇压农民起义。因此，这些士兵便在现实世界中竭力作战保卫自己的皇帝，而不是在另一个世界听从皇帝的差遣。目前 4 号坑除了西北角，基本已被填平。

1980 年，在秦始皇陵西边 20 米的地方发现了另一个墓坑，面积约 3025 平方米，其中出土了两辆有着车夫和马匹的青铜马车，大小是真实比例的一半。较小的那一辆马车上有一个遮阳伞，被称为"高车"，乘客能站在车上。而在"高车"后面的体积较大的车叫作"安车"，乘客可以坐在车厢内，因此"安车"是供人游览的车。"高车"长 2.25 米，重 1061 千克；"安车"长 3.17 米，高 1.06 米，重 1241 千克，由 3462 个金属铸件通过各种技术组装而成。在所有部件中，有 1742 件青铜件、737 件金件、983 件银件。这一独特的发现证明了中国工匠在冶金领域的高超技艺。

秦始皇陵兵马俑的发现，被许多人认为是 20 世纪最伟大的考古成就，在全世界都引起了轰动。整个古墓和兵马俑区域已被列入联合国教科文组织的保护范围，并被宣布为世界遗产。

西汉古墓中兵马俑在规模上要比秦始皇陵的兵马俑逊色得多。在徐州发现了数千个高 47 厘米的小雕像；在咸阳杨家湾的一座古墓中出土了 1965 个步兵和 583 个骑兵的雕像（同地区的郎家沟也有类似发现），这座古墓与汉高祖刘邦的陵墓相邻；在陕西杨陵发现了数千个高 62 厘米的雕像，它们的手臂是木制的、后来装上去的部件。

如秦始皇的陵墓一样，汉朝皇帝的陵墓至今也未打开。在汉朝数位帝王中，汉武帝的陵墓是最为宏大的。汉武帝卒于公元前 87 年，下葬于咸阳市兴平境内的茂陵。这座巨大的陵墓耗费了 53 年才修建完成。茂陵的外形呈长方形，东西长 480 米，南北长 414 米，它的周围环绕着一堵 6 米厚的夯土墙。根据当时的文献记载，茂陵坐落在一个巨大的园林中央，园林里居住着守卫、侍从和园丁 5000 余人，他们负责维护和守护整片园林。汉朝的皇室成员以及与汉武帝亲近的侍从、官员和武将埋葬在茂陵附近。

据史料记载，汉武帝陵墓附近至少有 20 座陵墓属于皇帝的亲信。其中最为重要的就是霍去病（前 140—前 117）将军墓，霍去病是一名军事天才，曾多次重创北方的匈

每个士兵简洁有力的细节特征都是单独雕塑的，这体现了秦朝工匠对细节和写实性的高度追求。【秦】

秦朝工匠的技艺在头部的造型上体现得尤为突出：士兵们都有一种高傲的、威武的神气，高而宽的前额，浓眉，紧随着颧骨的弧线长成的浓密的胡子，精致利落的发髻。【秦】

奴，去世时年仅 24 岁。

在茂陵附近发现了一些巨大的人像和各种动物雕像，以及两块刻有铭文的大石碑。这些雕像矗立在园林内和一些小型建筑（现用作展览馆）中，是研究西汉时期雕塑的重要资料。在此后的时期，这些雕像越来越常见，它们被放置在陵墓的外围用于驱邪，并彰显此地神圣不可侵犯。人们还将雕塑排列在通往陵墓的大道两旁，形成"神道"，在唐朝时这是只有皇室成员才能享有的特权。

前文提到的秦始皇和汉武帝的陵墓看起来如此宏大壮丽，但我们只能靠想象去感受几百年后的唐朝皇陵该有多么壮观，以至于让前去祭奠唐朝皇族祖先的蕃国使臣叹为观止。唐朝帝王的陵墓都建在山里；其中最为著名的就是唐太宗李世民的安葬之地昭陵，以及中国第一位女皇帝武则天和唐高宗李治的合葬陵墓——乾陵。

遗憾的是，唐朝覆灭后不久，18 座帝王陵墓全数惨遭劫掠，大部分被损毁，这些皇陵昔日的辉煌如今已所剩无几。昭陵无疑是唐代所有帝王陵墓中最壮阔的一个，其占地 200 平方千米，外围被近 60 千米长的城墙围绕。昭陵除了唐太宗的墓之外还

# 唐

## 新城公主墓

有 167 座陪葬墓，分别属于太子、公主、嫔妃、官员和将军。这些官员因其肝脑涂地的忠心和创下的丰功伟业而获准葬于皇帝身边。

这些墓葬中最让人感兴趣的就是 1994—1995 年发掘的新城公主墓。在通往墓室的走廊的墙壁上，描绘着陪伴公主最后一程的侍从和群臣的画像。牛车、仆人、卫队和公主的轿子都出现在了画中。墓室中画有华丽的场景：公主与贵族女子们正在闲谈，侍女们在旁摆放化妆品、乐器和鲜花以满足公主的需求。

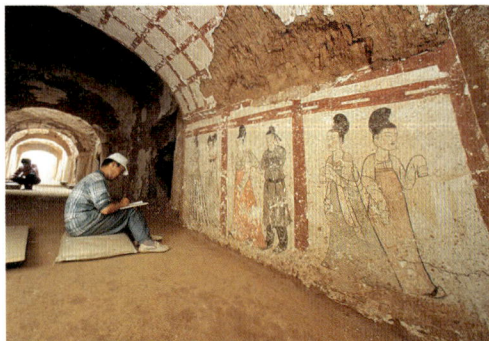

左上图　盗墓者可能是从入口墓道上方的隧道进入新城公主墓，盗走了无数无价之宝。【唐】

左下图和下页右上图　虽然这些位于墙壁和天花板灰泥层上的壁画有所损坏，但它们仍是唐朝艺术魅力的代表。图中可敬的考古学家正在耐心地修复这些壁画。【唐】

跨页图和下页左上图　这些彩绘陶俑安置在通往中央墓室的墓道的壁龛中。这些雕像存在的目的是为了能在公主死后继续为她提供协助和娱乐。【唐】

一些曾为大唐做出过杰出贡献的少数民族将领也被安葬在昭陵。唐太宗的墓占据最重要的位置，其他贵族、嫔妃和官员则按照亲疏、等级排列。

昭陵在 636 年动工，于唐太宗驾崩的 649 年竣工。根据当时的资料记载，著名的艺术家阎立德和阎立本都参与了昭陵的设计与建造工作。昭陵是在货真价实的山里建造的，有 230 级台阶通往地下宫殿的入口。

通往墓室的"神道"长 1 千米，两侧的雕像至少有 68 尊，平均高度 4 米。地宫的墓室在九嵕（zōng）山内部建造，需要通过一条长 230 米的隧道才能到达。人们在陵墓入口周围建造了一座真正的城市——微缩的长安，里面有寺庙、宫殿、防御工事和城墙，城门上还设置了望楼。根据当时的史料记载，798 年，朝廷对昭陵的 5 座墓和不下 378 间陵园建筑进行了修缮和重建工作。

右上图 唐代壁画最显著的特点之一是无论是对人物的描绘还是对物体的描绘，都能准确地再现最小的细节。【唐】

右下图 那扇曾保护公主"永恒住所"的沉重石门以及那块刻有献给公主的悼文的石碑，如今放置在墓室的地板上。【唐】

上页图和左上图 新城公主墙壁上精致的壁画似乎将参观者带进了公主的房间，房内还有陪伴她的侍女。【唐】

乾陵修建在梁山的最高峰（约1049米）上，占地面积约40平方千米。陵墓的内墙连同四个城门和一个祭坛（献殿，或称享殿）的遗址一同出土，墙内包围着一片巨大的区域。唐高宗墓的入口被一扇巨大的石头封闭着，至今完好无损。在通往陵墓的雄伟"神道"的两侧立着一对华表（八棱石柱）、无数守卫陵墓的卫兵和野兽的雕像，还有两块石碑，其中一个上有刻字。

其他雕塑还有配有马鞍的骏马、带有翅膀的天马以及代表吉祥的鸟；还有61座分别是参加唐高宗葬礼的外国使节和少数民族将领的雕像。唐高宗卒于 683 年 12 月，享年 56 岁，于 684 年 8 月下葬乾陵；武则天于 705 年逝世，享年 82 岁，于 706 年 5 月葬于乾陵。

在唐高宗墓附近发现了 17 座结构相似的坟墓，其中有一些尚未发掘，其他的已经确认了墓主，分别属于永泰公主、薛元超、李谨行、章怀太子和懿德太子。这些陵墓被围墙包围，有一条朝南的通道，两旁有石柱和雕像。陵墓内部同样采取的是地下宫殿的结构，有一条隧道通向前厅和墓室。走廊和大厅的墙壁都绘制得富丽堂皇，主题包括宫廷生活、贵族娱乐和行

左上图 鸵鸟在中国属于奇珍异兽，它们的雕像经常出现在唐朝皇陵的周围，目的是为了让造访的人感到惊奇和钦佩，也喻示着唐与许多遥远神秘的国家有联系。【唐】

上页下、右上图　人们常常会被唐高宗和武则天陵墓"神道"旁的雄伟雕像所震撼。【唐】

跨页图　在乾陵，有61尊被大唐皇帝授予头衔的边境诸蕃国的国王、使臣的雕像。这些雕像的头部都已经不见踪影，背面的铭文也难以辨别。但是最近发现的文献资料让考古学家得以对这些雕像的身份做出更清晰的判断。【唐】

进队列。人物和动物的形象都用优雅的唐风手法绘制成真实比例大小，背景的山水景色与绢帛、宣纸画上的风景相似。类似的用清新明亮的红、赭、青、蓝色颜料所作的壁画也存在于同时期各种宫殿和住宅中。

其中最重要的陵墓属于三个同样遭遇悲剧命运的皇室成员。李贤，即章怀太子，是唐高宗和武则天之子，他和妹妹永泰公主（李仙蕙）以及懿德太子（李重润）都被武则天下令杀害了。

超过4300件精美的奢侈品，包括小陶俑和珍贵的玉器、黄金和青铜物品被放置在他们的墓中，那些对他们的命运无能为力的人以此来表达他们的哀思。武则天死后，三人的名誉得到了恢复。

章怀太子李贤在30岁时被逼自杀，他的墓是最为壮观的。墓中壁画面积约400平方米，有50组壁画，男女形象超过130个。其中最引人注目的是马球比赛、外国使节队伍和狩猎场景的壁画。

懿德太子李重润在19岁时被人杀害，在他的墓中约有40幅壁画。在长安地区发现的27座带有唐代壁画的古墓中，懿德太子墓中的壁画质量

唐朝壁画人物一般都做着某个动作，这些动作很日常，生动地表现了宫廷的悠闲生活。【唐】

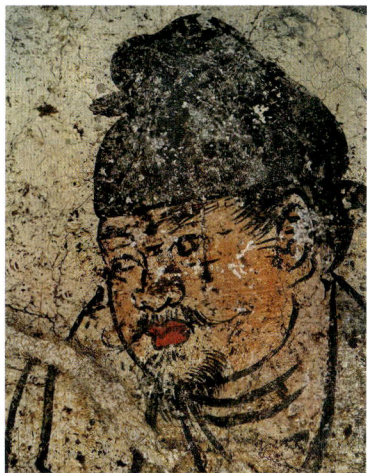

上图 在唐代，为皇室成员组织的狩猎团体往往需要大量的人参与，这与过去几个世纪英国贵族的猎狐活动很相似。【唐】

左下图 李贤墓中的壁画是最著名的宫廷画师所绘。这些唐代皇陵的壁画几笔就勾勒出了人物服装的特征和最鲜明的细节。【唐】

右下图 这幅位于李贤墓墓道西墙上的马球比赛的壁画显现出了章怀太子对这项运动的热爱。【唐】

左上图 画面中的女子柔美如风中芦苇，仿佛正随着音乐的舒缓节奏翩翩起舞。这幅优美的画像来自李重润墓。【唐】

右上图 李重润墓墓道的壁画描绘了长安城的城墙以及城门两侧的高大阙楼。唐朝的长安是当时世界上人口最多的城市。【唐】

李重润墓

右图 从一幅墓葬画中可以看到，宦官在宫廷中具有很大的影响力。尤其是唐朝末年，皇帝登基时还年幼，这时宦官的阴谋经常导致严重的政治危机。17 世纪的著名儒家学者黄宗羲曾评价宦官如"毒药野兽"。【唐】

跨页图 这是李重润陵墓的复原图，图中可以看到墓道、数间墓室和宏伟的壁画。【唐】

最为精致、保存最为完好，而且最能代表唐代的品位和风格。乾陵的一些壁画已经从墙上剥离下来并进行修复，现在在陕西博物馆展出。除了李贤墓的 10 幅壁画和李重润墓的 6 幅壁画外，还有来自其他皇室和高官墓葬的 23 幅壁画在陈列展出。

在我们对中国最重要的考古遗址的简要回顾中，万里长城毫无疑问是有史以来最宏伟的工程。每年都有成千上万的中外游客来到北京中心城区 65 千米外的八达岭游览长城风光。这一段长城离北京最近，建于明朝（1368—1644）。距北京中心城区 80 千米的慕田峪长城也是很多人的选择，这段长城修建于 6 世纪，后世人们对其进行过修缮。

长城全长 2950 千米，从中国的东海岸一直延伸到西部的戈壁滩。长城的规格因地段有所变化，但大部分城墙都有 7—8 米高，底部墙厚 6.5 米，顶部厚 5.8 米。长城始建于公元前 5 到公元前 6 世纪，当时正值春秋战国时期，各路诸侯不断地为争夺霸权而相互争斗。秦、赵、燕首先建立了防御屏障，以保护自己的领土不受北方游牧民族的入侵。秦始皇统一六国之后加固并连接了这些防御工事。

传说有近 30 万人花费了 10 年时间才修建了长城。汉朝的皇帝在原有的基础上又进行了扩建。但随着时间的推移，长城失去了防御功能，历任统治者也不再对其进行维护，任其腐朽。然而，明朝第一任皇帝朱元璋（洪武帝，1368—1398 年在位）对长城进行了重大的、系统的修复和扩建工程。

如今的长城已经不再具有当年的规模，只是修复了一部分向公众开放。长城的最西端是甘肃的嘉峪关，建于明代，位于一个特别优美且偏远的地方。

左图 长城的大部分区域仍然保存得很好，包括城垛、成千上万的台阶和烽火台。

长城

上图　慕田峪长城的战略意义极其重要，它阻止了以女真族为首的东北游牧民族对中原的侵扰。女真族起源于满洲地区，在完颜阿骨打（1068—1123）的统治期间非常强大。

跨页图　长城，作为抵御游牧民族威胁的防御屏障，仍然是国家统一和身份认同的象征。

# 见证信仰的世界：
# 佛教石窟

　　几个世纪以来，丝绸之路沿线的贸易中心一直是各族人民的聚集地，吸引了来自世界各地的商人和旅人，他们聚集在一起，不仅是为了经济上的贸易利益，还因为讲述遥远异国之辉煌的传闻激起了人们对未知文明的好奇。西汉时期，佛教沿着丝绸之路从印度传入中国，带来了沉淀了几个世纪之久的教义、文字、仪式和绘画传统。在西部省份，如新疆和甘肃，有大量的证据表明双向移民持续不断：来自印度和中亚其他地区的僧人纷纷前往中国传教，中国的僧人和弟子也纷纷前往佛教发源地朝拜，寻找佛经翻译，并回国传播。随着佛教在整个帝国的逐渐传播，主要的宗教中心在中部地区发展起来，包括现在的河南和山西，以及以四川为首的南部地区。

# 石窟寺
## 莫高窟

本页图　新疆有许多丝绸之路宗教中心的遗迹，尤其是在吐鲁番。这些照片显示了交河故城遗址（上）和高昌故城遗址（下），前者可追溯到汉代，后者的建筑遗址则可追溯到唐朝。

下页下图　在敦煌莫高窟的 670 尊唐代佛像中，许多都是巨型佛像，比如这座高 33 米的佛像。

西域地区的丝绸之路上的三个独立王国——龟兹、于阗和焉耆（都位于今新疆）成为当时重要的佛教中心，历史上有几个世纪的时间一直都是人们朝圣的目的地。这些国家还有附近沙漠的绿洲，如吐鲁番、克孜尔和米兰地区都建造了华丽的石窟寺庙。

其中最重要的一个石窟群原是贸易站，位于甘肃西部，敦煌绿洲东南 25 千米处。它就是宏伟壮丽的敦煌莫高窟，在中国也称为千佛洞，坐落在广阔的戈壁沙漠的边缘，靠近玉门关口，是南北丝绸之路的交汇处。从 366 年开始，大约有 1000 多个大小不一

上图 敦煌附近的莫高窟在鸣沙山的悬崖上绵延超过 1.5 公里。由于它的地理位置，敦煌成为中华文化和西部边疆民族文化的理想交汇点。

　　的洞穴在鸣沙山的岩石上被开凿出来，在这里可以俯瞰党河浑浊的河水。

　　这座最为宝贵壮丽的中国宗教建筑群完完全全是在石头上一下一下凿出来的。许多石窟遭到自然侵蚀和人类活动的破坏，但还有492个石窟保存了下来（其中有很多并未开放参观）。一些最古老的石窟可以追溯到5世纪初，即位于岩壁中心的23个石窟，开凿于北朝时期，另外有95个开凿于隋朝，213个由唐朝建造，剩下的161个是10世纪至14世纪陆续建造的。许多古老的洞穴已经重建或扩建。

　　这座宗教建筑群的一个有趣之处在于，它将不同的建筑、雕塑和绘画风格完美地融合在了一起。这些石窟的结构相当简单：有一些相对古老的石窟只有一个房间，而另外一些晚期的石窟则多出一间前室，室内往往装饰豪华，有着各种大小的绘画、雕像、塔柱、佛坛和壁龛。一般这些石窟的面积在9—70平方米之间，高度大约为1.5米—5米不

跨页图 莫高窟内有数以千计的佛像、佛坛和石柱，上面绘有讲述佛陀生平和佛经的壁画。这个洞窟（第285窟）是僧人坐禅静思之所，高4.3米。石碑上的碑文告诉我们这些绘画作于538或539年。

左图 位于左侧的佛像是迦叶佛，他在此处以老年的形象示人以展现他的智慧和审慎；而在他身旁的是一尊美丽又优雅的菩萨像。这个场景散发着宁静祥和的气息，它是唐代宗教艺术最杰出的成就之一。

右图 莫高窟中的壁画色彩极其丰富，有一些颜料甚至是不远万里运送到这里的。（第285窟）这幅壁画描绘了500名勇士（有人称他们为强盗）的壮举。他们致力于与世界上的不公正做斗争，去恶从善，最后成佛。

等。年代最为久远的石窟的艺术和建筑风格深受中亚和印度的影响（如窟内的塔柱都是异域风格），但这种影响随着时间在逐渐消退，直到隋唐时期完全不见其踪影。

由于岩石太过粗糙而不方便雕刻，人们便选择使用陶土来雕刻佛像，莫高窟建筑群有2400尊彩绘泥塑佛像。初期的石窟布局一般是佛祖在正中，两侧各有一尊菩萨像，而有一些石窟内供奉着多达9尊佛像。

这些佛像沿着墙壁摆放或者放置在精雕细琢的壁龛中示人。一些佛像十分宏伟高大，比如在第130号窟内就有一尊高达26米的弥勒佛像，它是8世纪的雕塑家马思忠的作品；在第96号窟内还有高达33米的佛像。

莫高窟内的壁画同样令人叹为观止。墙壁和天花板上画满了佛祖、圣地和圣迹的图像，还有很多描绘佛教经典、寓言和故事的图画。有时，平凡的乡间风景也会出现

上图 两个和尚在莲花座上禅修，而羚羊、野兔和黄羊在背后青葱的草木间嬉戏，使这幅作品充满了和平与安宁的气氛。

下图 佛陀在竹林里说法，而在他的两侧各坐着一位菩萨，菩萨面容温和、沉静，其中一位似乎正在说话。

下页下图 这是《五百强盗成佛因缘》故事画的一处细节：一个弓箭手准备向山间跳跃的羚羊射箭。

在壁画中，画中的百姓们忙于他们的日常工作：农民在田间劳作，工匠雕刻和铸造，还有渔民和猎人，杂耍艺人也伴着音乐和歌声卖力地娱乐着观众。

　　最古老的壁画创作于隋朝之前，描绘了著名的《本生经》或《佛本生经》故事（即佛本生故事），其讲述了释迦牟尼在转世为王子之前的生活中所做的值得称赞的行为。这些故事为信众树立了一个慷慨、谦逊且具有牺牲精神的典范。后来的作品，尤其是隋唐时期的绘画，或表现了教义辩论的场景，这些辩论往往因为神奇的事件和不可思议的转折而显得生动有趣；或描绘了壮丽的佛国净土，有 64 幅壁画展现了弥勒佛主持的弥勒净土，125 幅壁画描绘了西方极乐世界的场景。

随着时间推移，绘画的风格发生了极大变化。这不仅反映了几个世纪以来审美和技艺上的进步，也体现了佛教在中国的发展。

16世纪后，因为前来朝拜的中国信徒越来越少，莫高窟失去了宗教中心的地位。

几百年后，莫高窟因为一件事再次吸引了人的目光。1899年，住在石窟内的道教隐士王圆箓偶然间发现了一个石室的入

上图　这是一个来自于《维摩诘经》的经典故事：坐着的文殊师利菩萨正举着他的手，专注于谈话。在他对面的是佛陀的弟子舍利弗，天上的花如雨点般落在他身上，试图引导他摆脱尘世的烦恼。

口，在里面他发现了超过4万多份手稿、几千幅壁画，由于石窟内常年保持干燥，这些文物都保存得十分完好。

　　这些无价的宝藏包括宗教文献，虽然大部分都是佛教的，但也有一些重要的儒家和道家文献，还包括历史、法律、文学、天文和医学文献。其中有一些早就被人们认定为失传的文献材料。

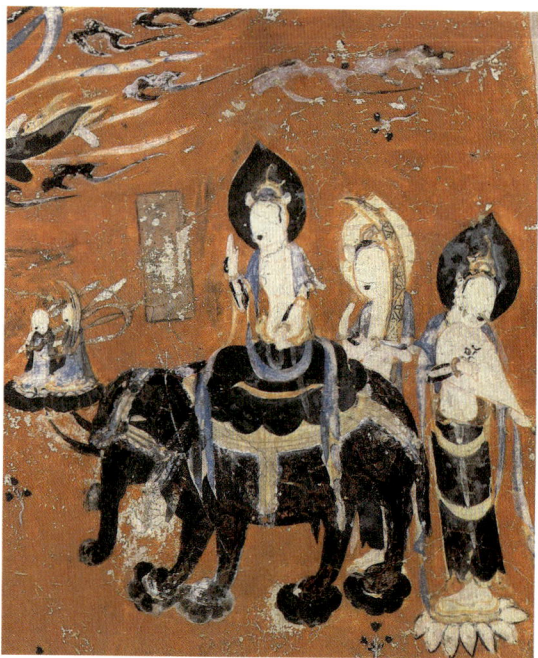

右图　佛陀骑着大象，后面有两位乐师在跟随，这幅画描绘的是佛陀投胎转世的故事。

274

跨页图 伎乐天（在天宫演奏的乐伎）们身强体壮，动作敏捷，在盘旋的花丛中飘荡。他们在风中移动，相比于静坐着的佛祖，显得更有活力。

下图 这幅画讲述了睒（shǎn）子本生故事，一个年轻人对自己双目失明的父母十分孝顺，他对父母的爱感动了神明，神明在他受伤濒临死亡的时候挽救了他的生命。

　　80%的手稿使用中文书写，其余的则有藏文、突厥文、粟特文、于阗文、回鹘文、突厥鲁尼文和婆罗米文等，这些都是丝绸之路上的商人和旅行者所使用的语言。在敦煌发现的文献、绘画和纺织品可以追溯到406—1004年。起初，敦煌吸引了大量中国学者的注意力，他们在这里收集了许多绘画和手稿。这个重要的发现同样吸引了西方和日本的学者（如俄罗斯的奥布鲁切夫和谢尔盖·奥登堡，英国的奥莱尔·斯坦因，法国的伯希和，美国人兰登·华尔纳以及日本的橘瑞超和吉川光一郎），他们在敦煌没有花费什么代价就获得了许多珍贵的文物。这些文物目前在北京、伦敦、巴黎、圣彼得堡、京都和德里的主要博物馆和文化机构展出。

由于石窟都修建在悬崖峭壁之上，所以人们只能修建栈桥以到达各个石窟。因为这些栈桥年久失修，无人维护，所以这些石窟在过去的很长一段时间里都是与世隔绝的。

甘肃还有其他一些引人入胜的石窟寺，如文殊山石窟（距酒泉市 15 千米）、麦积山石窟（距天水市 20 千米），以及武山县和庆阳市的几处石窟群。文殊山于 4 世纪开始就是十分重要的佛教中心，现如今有 10 座石窟保留下来，其中 2 座保存完好。最古老的洞窟被称为千佛洞，里面存有北魏时期的泥塑和壁画。

麦积山石窟群由 194 座绘有壁画、凿有壁龛的石窟组成，由于这里的岩石不适用于雕刻，大部分的雕像都是泥塑的。这些石窟都位于悬崖峭壁之上，地势险峻，只能通过木质栈道到达。

麦积山是众多文化交汇的地方，这里的艺术作品完美地融合了不同的风格和特色，其时间可以追溯到 5—11 世纪，最古老的佛像可以追溯到北魏时期。受犍陀罗风格影响，这些北魏的佛像身着宽大的袈裟，神态和姿势都极其放松，人们试图以这种方式让信众达到内心的安宁与平静。

最大的第 4 窟建筑结构复杂，有明显的印度风格：走廊排列着精雕细琢的石柱，走廊内侧墙壁则凿有 7 间方形窟龛。[1] 每一个窟龛都陈饰着佛像，以及环绕的菩萨和弟子的塑像。

第 30 窟同样耐人寻味。它由三个房间组成，每个房间都有一个壁龛、一个坐佛和六个门徒的塑像，房间为拱顶，由四根典型的八棱柱支撑。麦积山石窟还有一些精美的石碑上描绘了佛陀生平故事的场景，并参考了著名佛经（如《妙法莲华经》）中的情节和人物。

---

1　第 4 窟即底图山体正中最大最高的石窟，原有八根石柱，现有六根崩坏。中国研究者一般认为此窟结构遵照了中国传统木构——七间八柱的单檐庑殿。

# 麦积山石窟

左上图　这座修建于隋朝的佛像在整个石窟群里都是最为宏伟的。它占据了石壁的重要位置，从很远的地方都可以一睹它的风采。

右上图和左下图　麦积山石窟群的地理位置偏僻，岩壁石窟难以抵达，这都有助于此处文物和佛像的保存。这里的佛像多为泥塑且有石质或木质内胎（即石胎 / 木胎泥塑）。在 5 世纪时，有超过 100 名僧人居住在这里。

# 云冈石窟

　　也许山西和河南的雕刻佛像是最精美的。云冈石窟位于山西大同以西 15 千米处的武州山南崖。这里曾是中国古代最为重要的佛教圣地之一，留存着佛教传播的最初几个世纪佛教造像发展的重要证据。云冈石窟建于 5— 6 世纪，由北魏统治者支持修建。北魏由鲜卑族的拓跋氏建立，定都于平城（今大同）。

　　460 年，北魏文成帝下令修建云冈石窟。由于上一任皇帝于 446 年残酷血腥地镇压了佛教徒，文成帝想把这个石窟作为忏悔和赎罪的象征以弥补之前犯下的罪孽。当时平城居住着许多工匠世家，他们在完成莫高窟的工作后，于 439 年被强制迁出敦煌。

左上图和右上图　这幅照片里的云冈石窟环境恶劣，周遭土地荒凉贫瘠。然而，在古代文献的描述中，云冈石窟周围有寺院和亭子，且被郁郁葱葱的植物和河流环绕。云冈这个名字也暗示了那时的气候绝对不像今天这般恶劣。

左下图　这尊宏伟巨大的坐佛像被认为是云冈初期最出色的雕塑之一。云冈石窟在昙曜五窟（第 16—20 窟）达到了辉煌的顶峰。昙曜五窟是以当时劝说文成帝开凿云冈石窟的僧人的名字命名的。这尊佛像的面容一定程度上反映了文成帝的容貌。

右下图　相比较于人类的忽视、掠夺和破坏，沙漠环境和自然侵蚀对这里的破坏显得微乎其微。

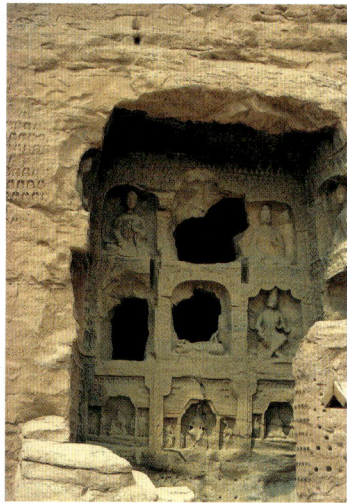

佛陀温柔、祥和的面容和嘴角
泛起的微笑向人们传达了一种
深沉和宁静的感觉。

他们对于中亚和印度风格的佛像造型和制作都已经非常熟悉，所以有了他们的帮助，云冈石窟的工作进展十分顺利。

这些石窟主要是在460—490年建造的。494年，北魏迁都洛阳，云冈石窟开始逐渐没落。

石窟内的5万多尊佛像中，有许多都是短短几十年内完成的；隋唐时期，人们在这里雕刻了一些佛像并对以前的建筑进行了修复，后来的几个朝代也对云冈石窟

上页图 一些云冈石窟在建筑、雕塑和人物等图像艺术的素材和风格似乎深受犍陀罗风格的影响。

左下图 在最大的石窟庙宇的中央，有四面雕刻着宗教形象的石柱。信徒们可以绕着佛像走一圈，以示对佛陀的崇拜。

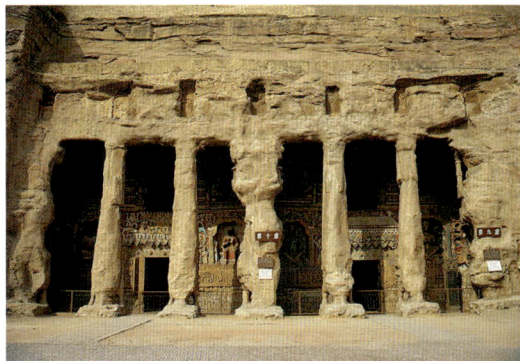

右上图 随处可见的壁龛内雕绘着佛祖的形象和生平事迹的场景，也有菩萨和信徒的形象。

右中图 石窟内的大型柱廊使修建一个不受风雨侵袭而又开放的房间成为可能，这个房间可以作为通往中央大厅的前厅使用。

右下图 佛教的教义与在中国的先祖崇拜相融合推动了佛教在中国的传播。立起雕塑是为了纪念先祖，同时也是虔诚的表达，能够让信众离拯救更进一步。

有一些小规模的修缮。几个世纪以来，由于侵蚀、沙尘暴和反复的洗劫，许多石窟遭到了无可挽回的破坏，尤其是发生在20世纪上半叶的劫掠行为。云冈石窟的许多文物现在被世界各地的私人收藏家和博物馆收藏。

云冈石窟分为三个独立的部分：4个位于东部（第1—4窟），9个位于中部（第5—13窟），40个位于西部（第14—53窟）。窟内有许多大小不一的壁龛，壁龛内陈饰着成千上万的佛像，从而营造出浓厚的宗教氛围。

中亚宗教艺术的影响在许多雕像和浮雕上是显而易见的，特别是早期的雕像和浮雕，它们以萨珊王朝或帕提亚帝国的风格为基础，有时还能看见爱奥尼亚或希腊艺术风格的影子。

最早开凿的石窟有超大型的佛像，其中一些（第16—20窟）被认为是以北魏第一任皇帝宣武皇帝的形象为原型设计的，因为他推崇佛教。第5、16、17、18和19窟里的佛像高13—17米，其艺术风格可能受阿富汗巴米扬大佛的风格影响。第8窟内有骑着孔雀的五头六臂的毗湿奴以及骑着公牛的三头八臂的湿婆，犍陀罗和印度风格对云冈石窟的影响可见一斑。

距太原240千米的五台山也是一个宗教遗址，那里有唐代的木构寺庙，它是中国现存最古老的木构建筑。另有天龙山石窟，距离太原约25千米。

上页上图 印度雕塑风格的影响在云冈的雕塑中反映得很明显，比如这尊巨大的彩绘佛像。

上页左下图 头部圆润、脸颊丰满是6世纪下半叶雕塑中典型的造像风格。人物平静而严肃的神态散发出巨大的威严感和精神力量。

上页右下图 在石窟中的各种佛教艺术形式中，佛陀与门徒平和、惬意的交谈场景经常出现。

下图 云冈石窟的许多雕像使用的颜色往往都很明亮，有时还会有不同寻常的颜色组合。壮丽、生动的色彩效果往往能让庄严肃穆的宗教场所变得平易近人。

# 龙门石窟

494 年，北魏迁都洛阳的时候，当时的皇帝决定在离皇宫不远的地方建造一座新的石窟群。在伊河的狭窄峡谷（因此得名"龙门"）的岩壁上，人们开凿了 2000 多个石窟，其中有一些规模巨大。龙门石窟群共有 97300 多尊佛陀、菩萨和天王、力士的雕像，高度从 2 厘米到 17 米不等。另有 40 多座宝塔和石柱，3608 个留存至今的刻字石碑。

龙门石窟中最古老的石窟建于隋以前，其建筑和艺术风格让人不禁想起云冈石窟。隋唐时期的作品则呈现出更加成熟的风格，不再受印度和中亚艺术的影响，充满中国元素。

672 或 673 年，唐高宗和武则天下令修建奉先寺。

跨页图 一位站立着的菩萨穿着一件褶皱繁复的服装，戴着若干华丽珠宝，显现出浓浓的印度风格。在他身旁的是托塔天王和威严的金刚力士。

左图 奉先寺宏伟壮观的卢舍那大佛右侧是他的弟子阿难陀和迦叶佛。

19—20 世纪，在高利润的诱惑下，成千上万的佛像头部被转移或盗窃。

尽管龙门石窟距离洛阳不远，但到了非常晚近的时期人们才开始重新挖掘其价值。洛阳曾是十三朝古都，如今已经褪去曾经的辉煌，变为一座普通的工业城市了。

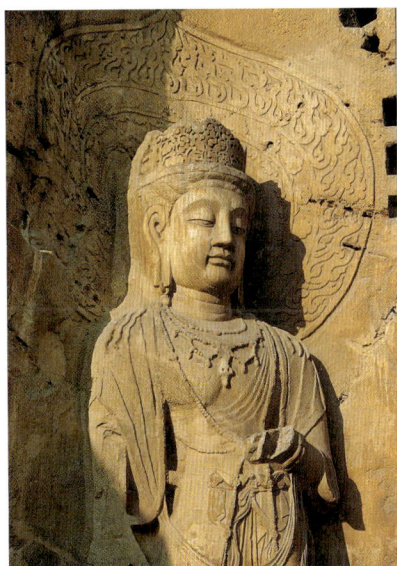

它可能是最壮观的石窟了。现在奉先寺的屋顶已经没有了，整座寺庙长度 35 米；寺中最夺人眼球的是一尊巨大的佛像，高度超过 11 米，从佛像衣褶就可以看出其丰盈的体态。大佛坐在千瓣莲花形的宝座上，表情泰然自若。每一片花瓣代表一个独立的宇宙，每个宇宙有自己的佛，而佛又包含其他的宇宙。这尊佛像是卢舍那佛（毗卢遮那佛），即大日如来（大光明遍照），一切佛法的根本。两边是他忠实的弟子和两位菩萨。几对庄严的、具有震慑性的护法在墙的尽头。其中一位是托塔天王，他脚踩着一只妖怪，手掌托着象征北方的宝塔。

上页图　守护奉先寺免受恶魔和邪恶影响的金刚力士。他的目光和表情凶狠、具有威慑性。

上图　初唐时期的雕塑形式丰富，注重服饰和珠宝的细节，有时还会受到印度风格的强烈影响。这尊菩萨像的宝冠和项链最能体现这一点。

下图　佛祖与菩萨那宁静、令人安心的目光与上页的金刚怒目形成了鲜明的对比。

中左图　简单的衣褶纹饰彰显出了这尊大佛的力量、和谐，他似乎是从裸露的岩石里直接现身的一样。

中右图　龙门石窟雕塑所显现的强烈的写实主义风格在个别雕像上完全不见踪影，比如这尊雕像的手就与身体完全不成比例。

龙门石窟的万佛洞中有女性化大慈大
悲观音菩萨像，还有安坐在莲台上慈悲的
阿弥陀佛。他被他的弟子、菩萨和守护金
刚围绕。背景的墙壁上有着54尊站在莲台
上的菩萨，整个墙壁上排列着上万个小佛
像以及伎乐人[1]的雕像。古阳洞则因一尊佛
像而闻名，他安详柔和的面容常常被人与
道教的创始人老子作比较。古阳洞中的一
些浮雕对于研究5世纪的服饰和建筑有着
相当重要的作用。

向堂山石窟位于河南与河北的交界处，
这里有最具北齐时期特色的雕塑。川渝地
区也有许多著名的佛教寺庙遗址，包括距
离安岳县城40千米的八庙乡卧像、大足石
窟以及夹江和成都附近的庙宇。

其他著名的石窟群包括距离云南大理
市100千米的石钟山石窟，里面有衣着华
丽的南诏国王室成员的塑像，以及距宁夏
固原县城55千米的须弥山石窟。

这些石窟寺见证了中国人民千百年来虔
诚的宗教信仰，经历了辉煌、衰落和被遗忘
的时期。由于它们引起了世界各地学者和公
众的兴趣，政府相关部门已经对它们进行了
一些重大的修复工作，逐渐将这些具有巨大
历史和艺术价值的珍宝恢复到原初的状态。

---

1　在世俗世界演奏的乐伎，区别于伎乐天。

右图　看起来无穷无尽的佛像体现了"千佛"的概念。"千佛"和"万佛"也经常作为寺庙的名称使用。

上页上图　洞口有两尊保卫佛陀的守卫。他们在此
守护着佛陀的教义和佛坛，也为令访者有敬畏心。

上页左下图　佛像左右两侧各有一位菩萨。他的一只
手掌张开向上（施无畏印），表示布施无畏给众生；
另一只手朝下（与愿印），表示布施和恩惠。

上页下中、下右图　石窟的内外墙壁上往往雕刻着成
排的小佛像，以此来表示佛祖时空上无所不在。

右上图　龙门石窟的规模之大及其雕像数量之多在这张图中可以窥知一二。照片中有一位信徒站在整个石窟中最庞大的佛像的脚下。

左上图　佛陀和身旁的弟子菩萨分别坐或站立在莲花座上。莲花是纯洁的象征，被佛教徒认为是世界上最珍贵的八宝之一。

右下图　这个石窟的墙壁上雕刻了无数的佛像。

左下图　虽然岩洞寺庙墙壁上无数的佛陀形象和符号构成了复杂的主题，实际上，它们是工匠依据佛教信仰和佛经，以一种精确的方式排列的。

下页图　古阳洞的岩壁上有许多朝圣者留下的铭文，岩壁上还有很多佛像，并雕绘了佛陀的生平故事。

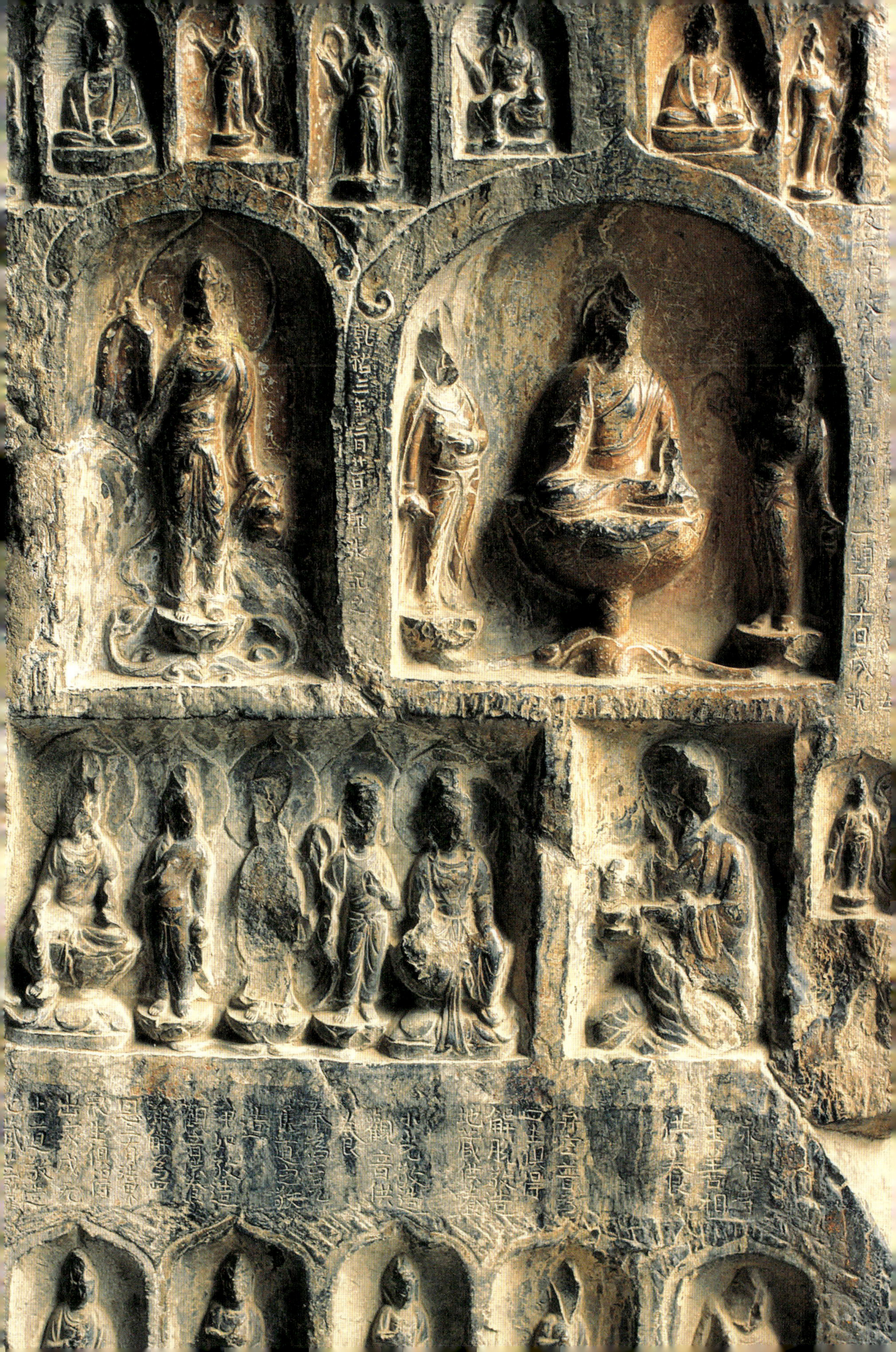

# 参考文献 | BIBLIOGRAPHY

Allan, Sarah, *The Shape of the Turtle: Myth, Art, and Cosmos in Early China*, Albany, 1991.

Bagley, Robert W., *Shang Ritual Bronzes in the Arthur M. Sackler Collections*, New York, 1987.

Baker, Janet（ed.）, *The Flowering of a Foreign Faith: New Studies in Chinese Buddhist Art*, New Delhi, 1998.

Barnes, Gina, *China, Korea and Japan. The Rise of Civilization in East Asia*, London and New York, rev. ed. 2000.

Berger, Patricia Ann et al., *Tomb Treasures from China: The Buried Art of Ancient Xi'an*, San Francisco, 1994.

Birrel, Anne, *Chinese Mythology: An Introduction*, Baltimore and London, 1993.

Blunden, Caroline and Elvin, Mark, *Cultural Atlas of Ancient China*, Oxford, 1983.

Caswell, James O., *Written and Unwritten: A New History of the Buddhist Caves at Yungang*, Vancouver, 1988.

Chang Kwang-chih, *Shang Civilization*, New Haven and London, 1980.

Chang Kwang-chih, *Art, Myth, and Ritual: The Path to Political Authority in Ancient China*, Cambridge, Mass., and London, 1983.

Chang Kwang-chih, *The Archaeology of Ancient China*, 4th edition, New Haven and London, 1986.

Chang Kwang-chih,（ed.）, *Studies of Shang Archaeology*, New Haven and London, 1986.

Chase, William T., *Ancient Chinese Bronze Art: Casting the Precious Sacral Vessel*, New York, 1991.

Cheng, Anne, *Histoire de la pensée chinoise*, Paris, 1997.

China Cultural Relics Promotion Centre（ed.）, *Treasures: 300 Best Excavated Antiques from China*, Beijing, 1992.

Ciarla, Roberto and Lionello Lanciotti（eds.）, *I bronzi del regno di Dian, Yunnan, Cina（secoli VI/I aC）*, Modena, 1987.

Clunas, Craig, *Art in China*, Oxford, New York, 1997.

Debine-Francfort, Corinne, *The Search for Ancient China*, London and New York, 1990.

Debine-Francfort, Corinne, *Du Néolithique à l'Age du Bronze en Chine du Nord-Ouest: La culture de Qijia et ses connexions*, Paris, 1995.

Dunhuang Institute of Cultural Relics （ed.）, *Art and Treasures of Dunhuang*, Hong Kong, 1983.

Falkenhausen, Lothar von, *Suspended Music: Chime-bells in the Culture of Bronze Age China*, Berkeley, Los Angeles, Oxford, 1993.

Fong, Wen （ed.）, *The Great Bronze Age of China: An Exhibition from the People's Republic of China*, New York, 1980.

Fu Tianchou （ed.）, *Les fresques de Dunhuang*, Bruxelles, 1989.

Gray, B. and Vincent, J. E., *Buddhist Cave Paintings at Dun-Huang*, London, 1959.

He Li, *Chinese Ceramics. The New Standard Guide*. London and New York, 1986.

Hsu, Cho-yun and Linduff, Katheryn M., *Western Zhou Civilization*, New Haven and London, 1988.

Keightley, David N., *Sources of Shang History: The Oracle-Bone Inscriptions of Bronze Age China*, Berkeley, Los Angeles, London, 1978.

Keightley, David N., （ed.）, *The Origins of Chinese Civilization*, Berkeley, Los Angeles, London, 1983.

Kuttner, Fritz A., *The Archaeology of Music in Ancient China: 2.000 Years of Acoustical Experimentations, 1400 bc-ad 750*, New York, 1990.

Kuwayama, George, *Ancient Ritual Bronzes of China*, Los Angeles, 1976.

Kuwayama, George, *The Great Bronze Age of China: A Symposium*, Los Angeles, 1983.

Lam, Peter Y. K., *Jades from the Tomb of the King of Nan Yue*, Hong Kong, 1991.

Lawton, Thomas （ed.）, *New Perspectives on Chu Culture during the Eastern Zhou Period*, Princeton and Washington, D.C., 1991.

Lee, Sherman and Rogers, Howard （eds.）, *China 5.000 Years: Innovation and Transformation in the Arts*, New York, 1998.

Li Chi, *Anyang*, Seattle, 1977.

Li Xueqin, *The Wonder of Chinese Bronzes*, Beijing, 1980.

Li Xueqin, *Eastern Zhou and Qin Civilizations*, New Haven and London, 1985.

Loehr, Max, *Ritual Vessels of Bronze Age China*, New York, 1968.

Loewe, Michael, *Way to Paradise: The Chinese Quest for Immortality*, London, 1979.

Loewe, Michael, *Chinese Ideas of Life and Death: Faith, Myth and Reason in the Han Period*, London, 1982.

Loewe, Michael and Shaughnessy, Edward L. （eds.）, *The Cambridge History of Ancient China: From the Origins of Civilization to 221 B.C.*, Cambridge, New York, Melbourne, 1999.

Paludan, Ann, *Chronicle of the Chinese Emperors*, London, New York 1998.

Pelliot, Paul, *Mission Pelliot en Asie Centrale. Les Grottes de TouenHouang*, Paris, 1914–24.

Pirazzoli-t' Serstevens Michèle, *The Han Dynasty*, New York, 1982.

Pirazzoli-t' Serstevens Michèle, （ed.）, *L'arte della Cina*, Torino, 1996.

Powers, Martin J., *Art and Political Expression in Early China*, New Haven and London, 1991.

Rawson, Jessica M., *Chinese Bronzes: Art and Ritual*, London, 1987.

Rawson, Jessica M., *Western Zhou Ritual Bronzes in the Arthur M. Sackler Collections*, Washington, D.C., 1990.

Rawson, Jessica M. with Carol Michaelson, *Chinese Jade from the Neolithic to the Qing*, London, 1995.

Rawson, Jessica M. （ed.）, *Mysteries of Ancient China: New Discoveries from the Early Dynasties*, London, 1996.

Rawson, Jessica （ed.） *The British Museum Book of Chinese Art*, London, 1992.

Rawson, Jessica M. and Bunker, Emma C., *Ancient Chinese and Ordos Bronzes*, Hong Kong, 1990.

Sabattini, Mario e Santangelo, Paolo, *Storia della Cina. Dalle origini alla fondazione della Repubblica*, Roma e Bari, 1986.

Scarpari, Maurizio （ed.）, *Le fonti per lo studio della civiltà cinese*, Venezia, 1995.

Segalen, V., *The Great Statuary of China*, Chicago, 1978.

Shaughnessy, Edward L., *Sources of Western Zhou History: Inscribed Bronze Vessels*, Berkeley, Los Angeles, London, 1991.

Shensi Provincial Museum and Commission for the Preservation of Archaeological Monuments of Shensi Province, *Murals in the Tomb of Li Hsien and Li Chung-jun of the T'ang Dynasty*, Beijing, 1974.

So, Jenny F., *Eastern Zhou Ritual Bronzes from the Arthur M. Sackler Collections*, New York, 1995.

Stein, Aurel, *The Thousand Buddhas: Ancient Buddhist Paintings from the Cave-Temples of Tun-huang on the Western Frontier of China*, London, 1921.

Sullivan, Michael and Darbois, D., *The Cave Temples of Maichishan*, London, 1969.

Thorp, Robert L., *Son of Heaven: Imperial Arts of China*, Seattle, 1988.

Tregear, Mary, *Chinese Art*, London and New York, 1997.

Twitchett, Dennis （ed.）, *The Cambridge History of China. 3: Sui and T'ang China. 589-906. Part 1*, Cambridge, 1979.

Twitchett, Dennis and Loewe, Michael （eds.）, *The Cambridge History of China. 1: The Ch'in and Han Empires （221 B.C.-A.D. 220）*, Cambridge, 1986.

Wang Zhongshu, *Han Civilization*, New Haven and London, 1984.

Watson, William, *The Arts of China to AD 900*, New Haven and London, 1995.

White, Julia M. and Bunker, Emma, with contributions by Chen Peifen （eds.）, *Adornment for Eternity. Status and Rank in Chinese Ornament*, Hong Kong and Seattle, 1994.

Withfield, Roderick （ed.）, *The Problem of Meaning in Early Chinese Ritual Bronzes*, London, 1993.

Withfield, Roderick and Farrer A., *Caves of the Thousand Buddhas. Chinese Art from the Silk Route*, London, 1990.

Wu, Hung, *Monumentality in Early Chinese Art and Architecture*, Stanford, 1995.

Wu, Hung et al., *3,000 Years of Chinese Painting*, New Haven, 1997.

Yang, Xiaoneng, *The Golden Age of Chinese Archaeology: Celebrated Discoveries from the People's Republic of China*, 1999.

这个弯曲的带钩长 16.5 厘米，由鎏金的青铜、银制成，嵌有绿松石。带钩的一端是虎，另一端是龙。

图书在版编目（ＣＩＰ）数据

古代中国 ／（意）毛里齐奥·斯卡尔帕里著 ；许家
桐译. —— 北京 ：中国友谊出版公司，2023.7
ISBN 978-7-5057-5553-6

Ⅰ．①古… Ⅱ．①毛… ②许… Ⅲ．①历史文物－介
绍－中国－旧石器时代-唐代 Ⅳ．①K871

中国版本图书馆CIP数据核字(2022)第161196号

著作权合同登记号 图字：01-2022-6510

White Star Publishers® is a registered trademark property of White Star s.r.l.
© 2000 White Star s.r.l.
Piazzale Luigi Cadorna, 6
20123 Milan, Italy
www.whitestar.it
本书经由中华版权代理总公司授权北京创美时代国际文化传播有限公司。

| | |
|---|---|
| 书名 | 古代中国 |
| 作者 | [意] 毛里齐奥·斯卡尔帕里 |
| 译者 | 许家桐 |
| 出版 | 中国友谊出版公司 |
| 发行 | 中国友谊出版公司 |
| 经销 | 新华书店 |
| 印刷 | 北京通州皇家印刷厂 |
| 规格 | 787×1092毫米　16开 |
| | 18.75印张　233千字 |
| 版次 | 2023年7月第1版 |
| 印次 | 2023年7月第1次印刷 |
| 书号 | ISBN 978-7-5057-5553-6 |
| 定价 | 168.00元 |
| 地址 | 北京市朝阳区西坝河南里17号楼 |
| 邮编 | 100028 |
| 电话 | （010）64678009 |

如发现图书质量问题，可联系调换。质量投诉电话：（010）59799930-601

出品人：许　永
出版统筹：海　云
责任编辑：许宗华
特邀编辑：蒋运成
封面设计：张传营
版式设计：万　雪
印制总监：蒋　波
发行总监：田峰峥

发　　行：北京创美汇品图书有限公司
发行热线：010-59799930
投稿信箱：cmsdbj@163.com

官方微博

微信公众号